TULLIO PERICOLI

I RITRATTI

ADELPHI

WWW.ADELPHI.IT

ISBN 88-459-1714-2

I RITRATTI

A Carlo Paci
capo redattore del «Messaggero»
in Ascoli nel 1960

1. ANNA ACHMATOVA

2. THEODOR ADORNO

3. THEODOR ADORNO

4. THEODOR ADORNO

5. PEDRO ANTONIO DE ALARCÓN Y ARIZA

6. WOODY ALLEN

7. WOODY ALLEN

8. WOODY ALLEN

9. ISABEL ALLENDE

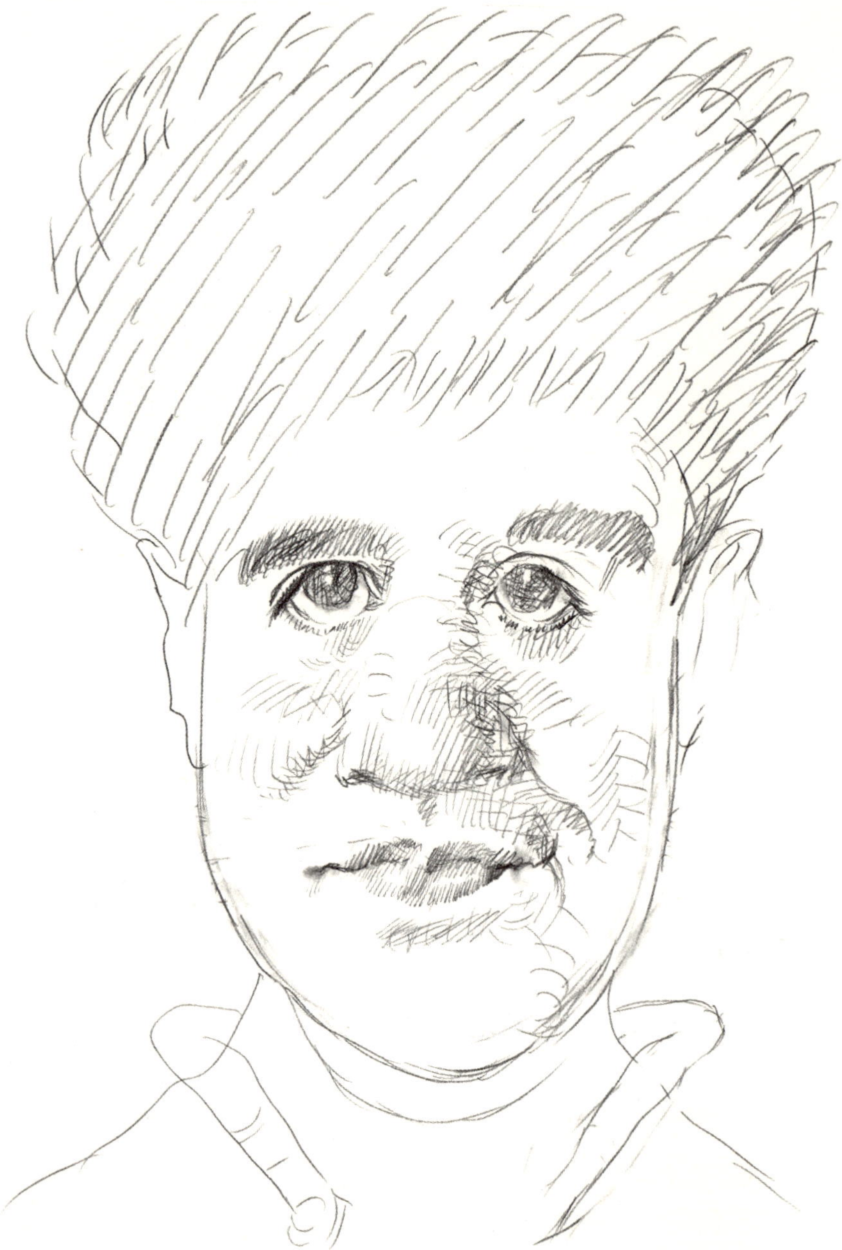

10. PEDRO ALMODÓVAR

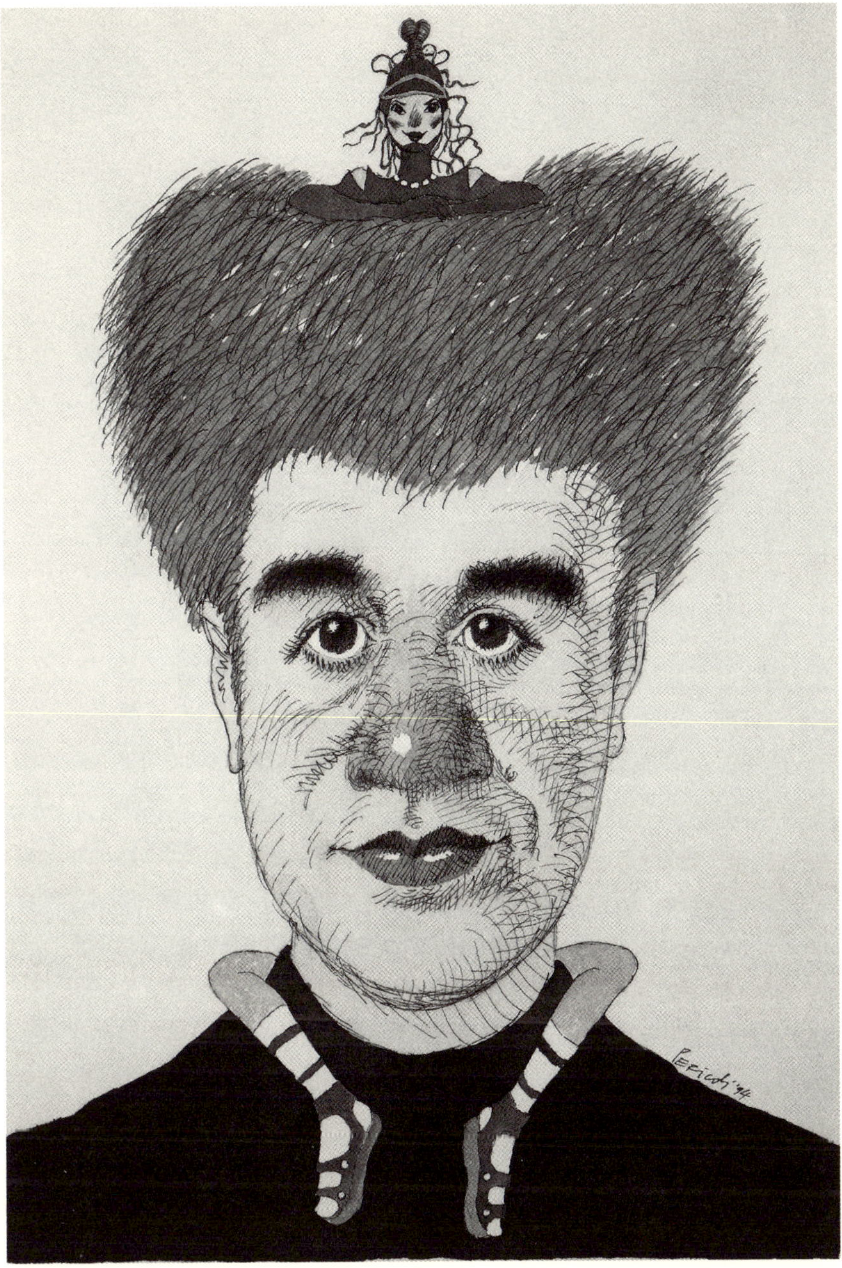

11. PEDRO ALMODÓVAR

12. PETER ALTENBERG

13. CORRADO ALVARO

14. JORGE AMADO

15. IVO ANDRIČ

16. GUILLAUME APOLLINAIRE

17. ALBERTO ARBASINO

18. HANNAH ARENDT

19. ANTONIN ARTAUD

20. ANTONIN ARTAUD

21. MARGARET ATWOOD

22. W.H. AUDEN

23. W.H. AUDEN

24. JANE AUSTEN

25. JOHANN SEBASTIAN BACH

26. INGEBORG BACHMANN

27. MICHAIL MICHAJLOVIČ BACHTIN

28. HONORÉ DE BALZAC

29. JOHN BANVILLE

30. ROLAND BARTHES

31. GIAMBATTISTA BASILE

32. GIORGIO BASSANI

33. GEORGES BATAILLE

34. GREGORY BATESON

35. CHARLES BAUDELAIRE

36. CHARLES BAUDELAIRE

37. CHARLES BAUDELAIRE

38. SIMONE DE BEAUVOIR

39. SAMUEL BECKETT

40. SAMUEL BECKETT

41. SAMUEL BECKETT

42. SAMUEL BECKETT

43. SAMUEL BECKETT

44. WILLIAM BECKFORD

45. LUDWIG VAN BEETHOVEN

46. SAUL BELLOW

47. SAUL BELLOW

48. CARMELO BENE

49. WALTER BENJAMIN

50. GOTTFRIED BENN

51. GOTTFRIED BENN

52. NINA BERBEROVA

53. BERNHARD BERENSON

54. INGMAR BERGMAN

55. LUCIANO BERIO

56. ISAIAH BERLIN

57. THOMAS BERNHARD

58. THOMAS BERNHARD

59. THOMAS BERNHARD

60. ATTILIO BERTOLUCCI

61. FRANCESCO BIAMONTI

62. ROMANO BILENCHI

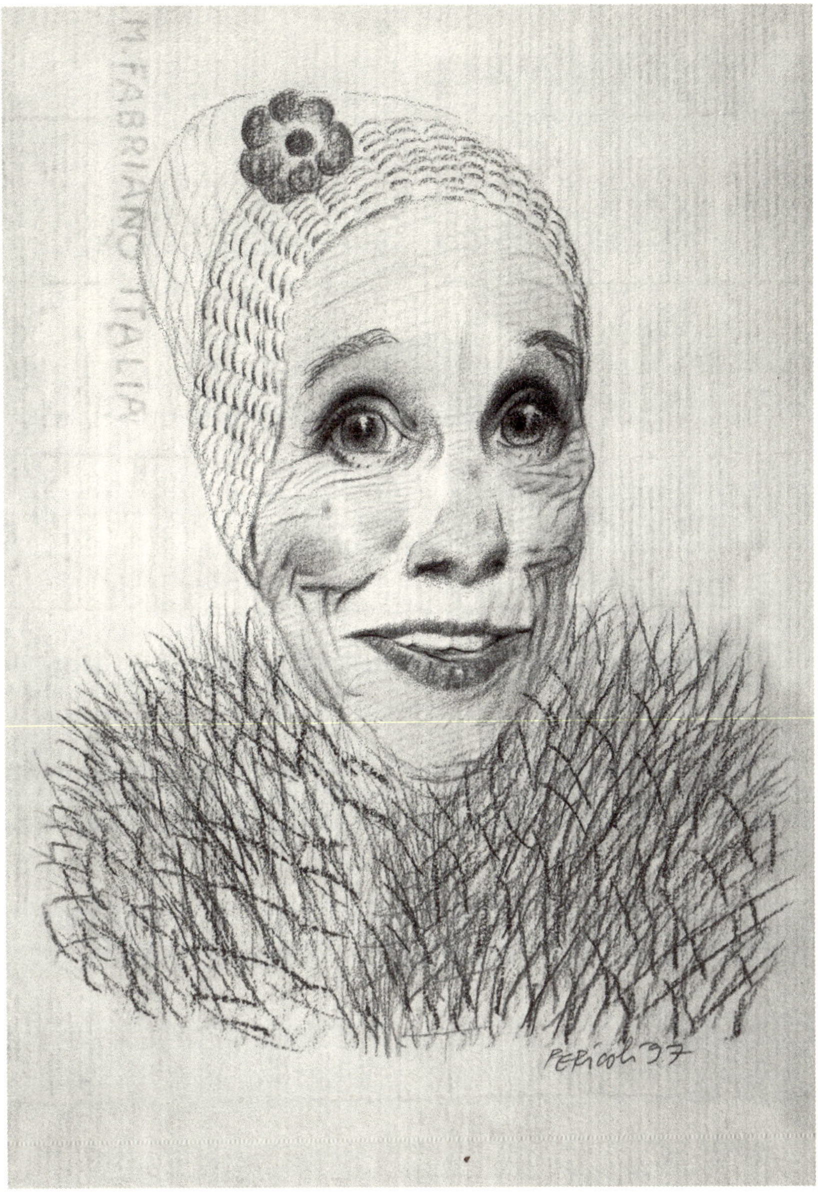

63. KAREN BLIXEN

64. KAREN BLIXEN

65. ERNST BLOCH

66. ERNST BLOCH

67. LÉON BLOY

68. GIORGIO BOCCA

69. HEINRICH BÖLL

70. RUDOLF BORCHARDT

71. JORGE LUIS BORGES

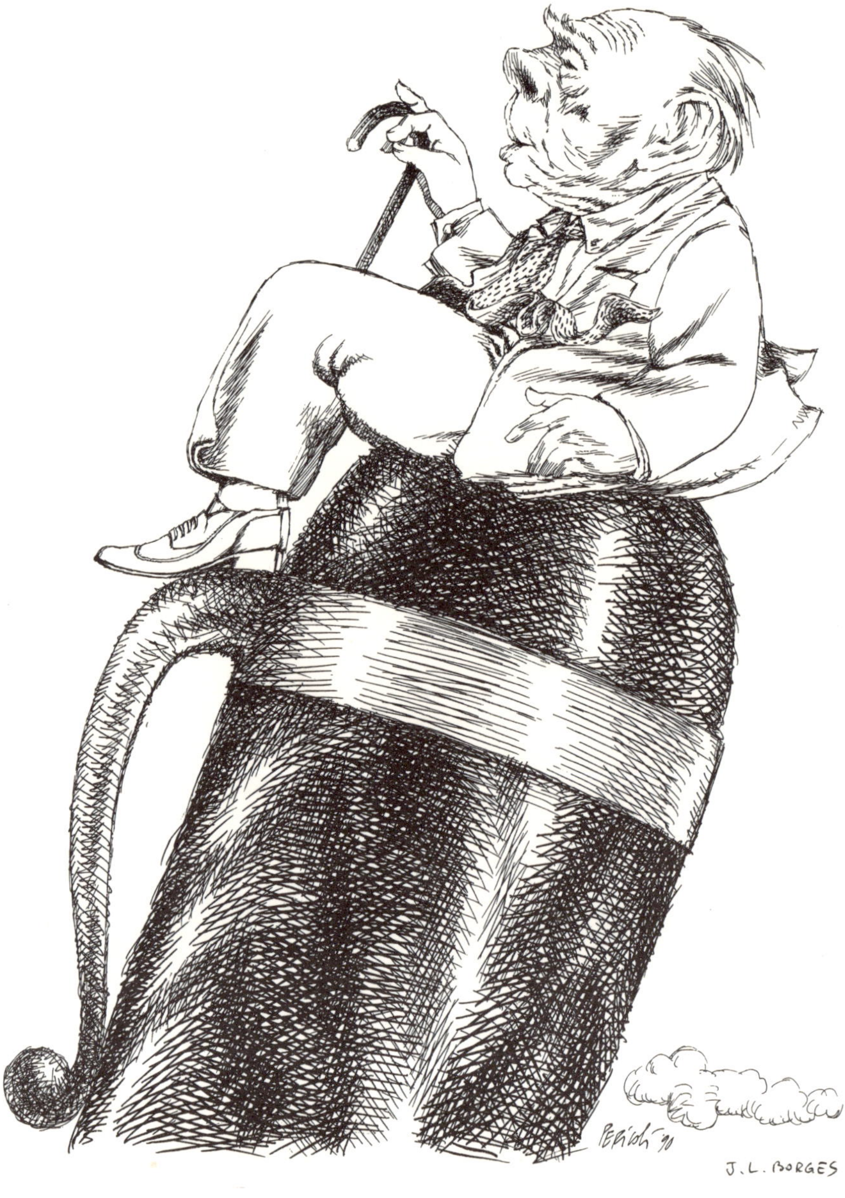

72. JORGE LUIS BORGES

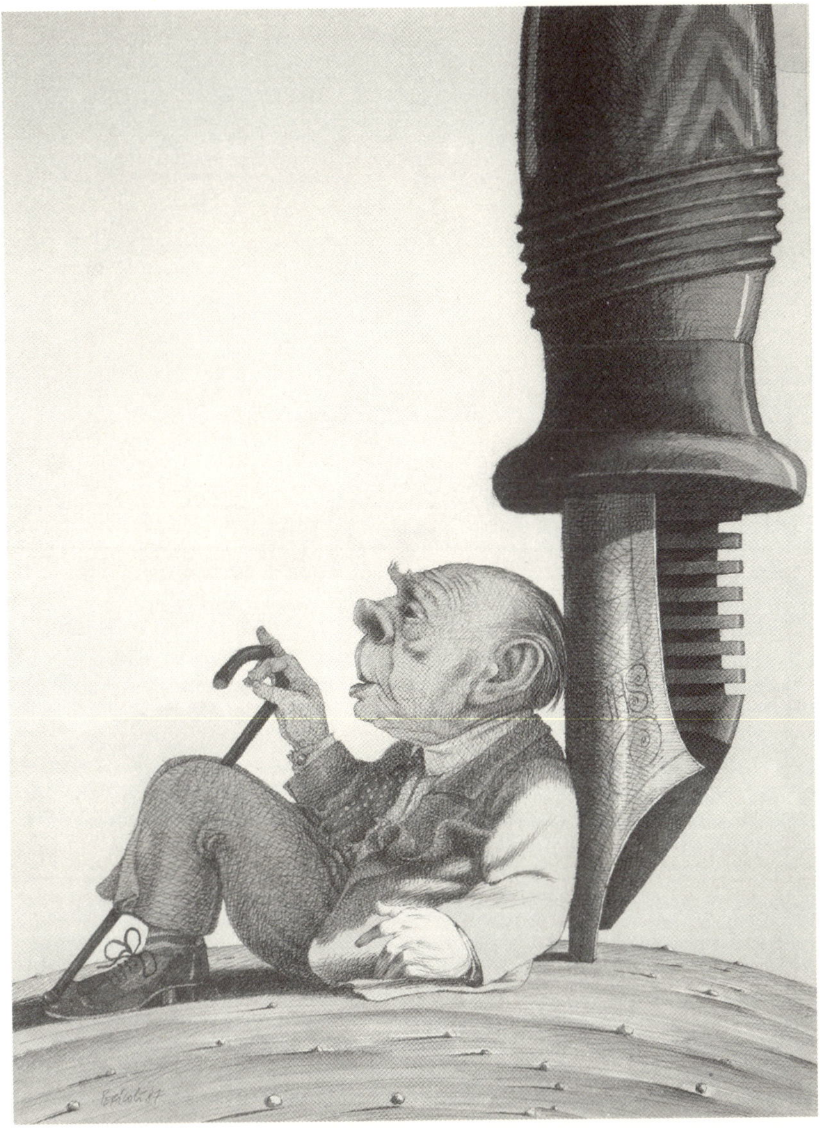

73. JORGE LUIS BORGES

74. JORGE LUIS BORGES

75. JOHANNES BRAHMS

76. VITALIANO BRANCATI

77. VITALIANO BRANCATI

78. KAZIMIERZ BRANDYS

79. RICHARD BRAUTIGAN

80. BERTOLT BRECHT

81. BENJAMIN BRITTEN

82. BENJAMIN BRITTEN

83. IOSIF BRODSKIJ

84. PETER BROOK

85. GESUALDO BUFALINO

86. GESUALDO BUFALINO

87. CHARLES BUKOWSKI

88. MICHAIL BULGAKOV

89. LUIS BUÑUEL

90. LUIS BUÑUEL

91. ANTHONY BURGESS

92. WILLIAM S. BURROUGHS

93. ALDO BUZZI

94. LORD GEORGE GORDON BYRON

95. MASSIMO CACCIARI

96. PËTR IL'IČ ČAJKOVSKIJ

97. PËTR IL'IČ ČAJKOVSKIJ

98. ROBERTO CALASSO

99. ROBERTO CALASSO

100. MARIA CALLAS

101. ITALO CALVINO

102. ITALO CALVINO

103. ITALO CALVINO

104. DINO CAMPANA

105. ACHILLE CAMPANILE

106. ALBERT CAMUS

107. ELIAS CANETTI

108. TRUMAN CAPOTE

109. GIORGIO CAPRONI

110. GIORGIO CAPRONI

111. ALEJO CARPENTIER

112. LEWIS CARROLL

113. RAYMOND CARVER

114. ADOLFO BIOY CASARES

115. CESARE CASES

116. JACQUES CAZOTTE

117. ANTON ČECHOV

118. ANTON ČECHOV

119. ANTON ČECHOV

120. PAUL CELAN

121. LOUIS-FERDINAND CÉLINE

122. LOUIS-FERDINAND CÉLINE

123. BLAISE CENDRARS

124. GUIDO CERONETTI

125. RAYMOND CHANDLER

126. CHARLIE CHAPLIN

127. BRUCE CHATWIN

128. GRAZIA CHERCHI

129. GILBERT KEITH CHESTERTON

130. NOAM CHOMSKY

131. AGATHA CHRISTIE

132. E.M. CIORAN

133. PIETRO CITATI

134. JOHN COETZEE

135. COLETTE

136. CARLO COLLODI

137. IVY COMPTON-BURNETT

138. JOSEPH CONRAD

139. GIANFRANCO CONTINI

140. JULIO CORTÁZAR

141. BENEDETTO CROCE

142. MARINA CVETAEVA

143. GABRIELE D'ANNUNZIO

144. SILVIO D'ARZO

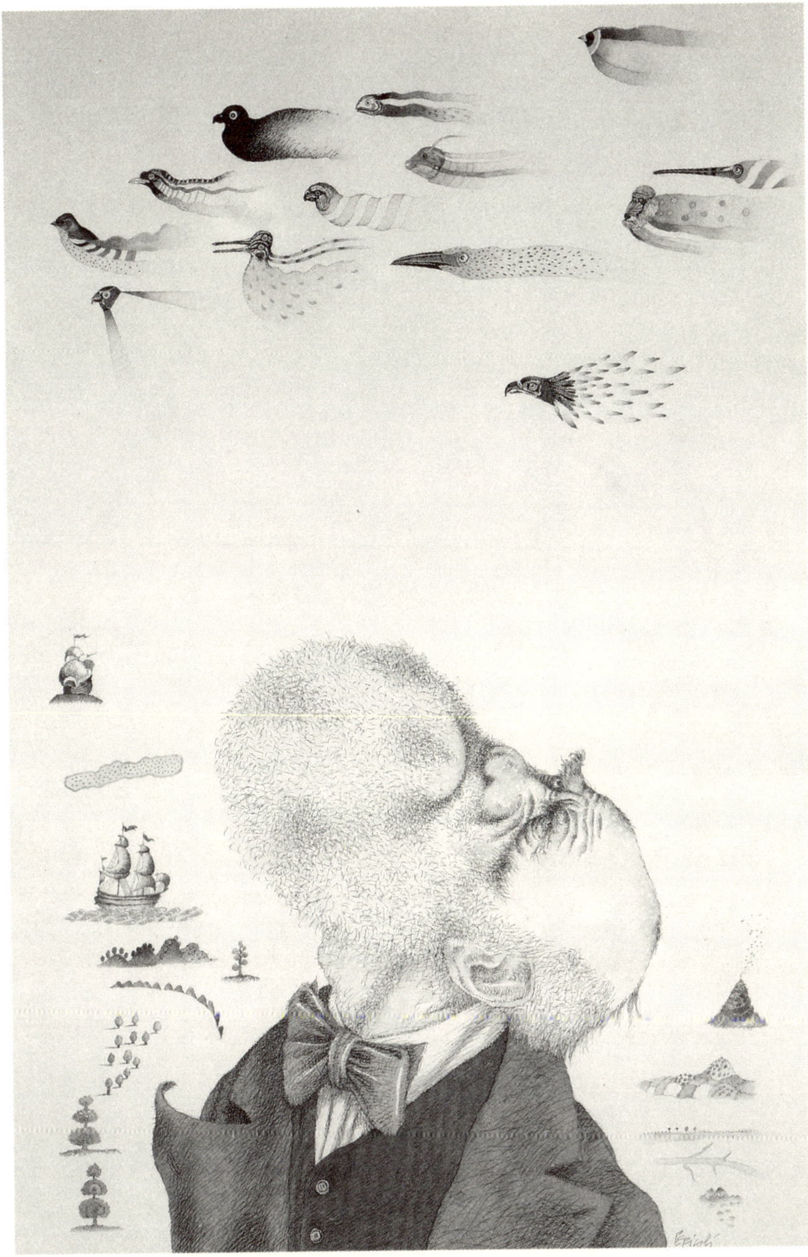

145. CHARLES DARWIN

146. RENÉ DAUMAL

147. EDMONDO DE AMICIS

148. EDMONDO DE AMICIS

149. GIORGIO DE CHIRICO

150. GIORGIO DE CHIRICO

151. EDUARDO DE FILIPPO

152. DON DE LILLO

153. DANIELE DEL GIUDICE

154. JACQUES DERRIDA

155. ANITA DESAI

156. RENÉ DESCARTES

157. CHARLES DICKENS

158. EMILY DICKINSON

159. EMILY DICKINSON

160. CARLO DIONISOTTI

161. ALFRED DÖBLIN

162. ALFRED DÖBLIN

163. FËDOR DOSTOEVSKIJ

164. FËDOR DOSTOEVSKIJ

165. NORMAN DOUGLAS

166. PIERRE DRIEU LA ROCHELLE

167. ANNETTE VON DROSTE-HÜLSHOFF

168. ALEXANDRE DUMAS PADRE

169. LORD DUNSANY

170. MARGUERITE DURAS

171. FRIEDRICH DÜRRENMATT

172. UMBERTO ECO

173. UMBERTO ECO

174. UMBERTO ECO

175. ALBERT EINSTEIN

176. ALBERT EINSTEIN

177. ALBERT EINSTEIN

178. ALBERT EINSTEIN

179. SERGEJ M. EJZENŠTEJN

180. NORBERT ELIAS

181. GEORGE ELIOT

182. T.S. ELIOT

183. T.S. ELIOT

184. JAMES ELLROY

185. HANS MAGNUS ENZENSBERGER

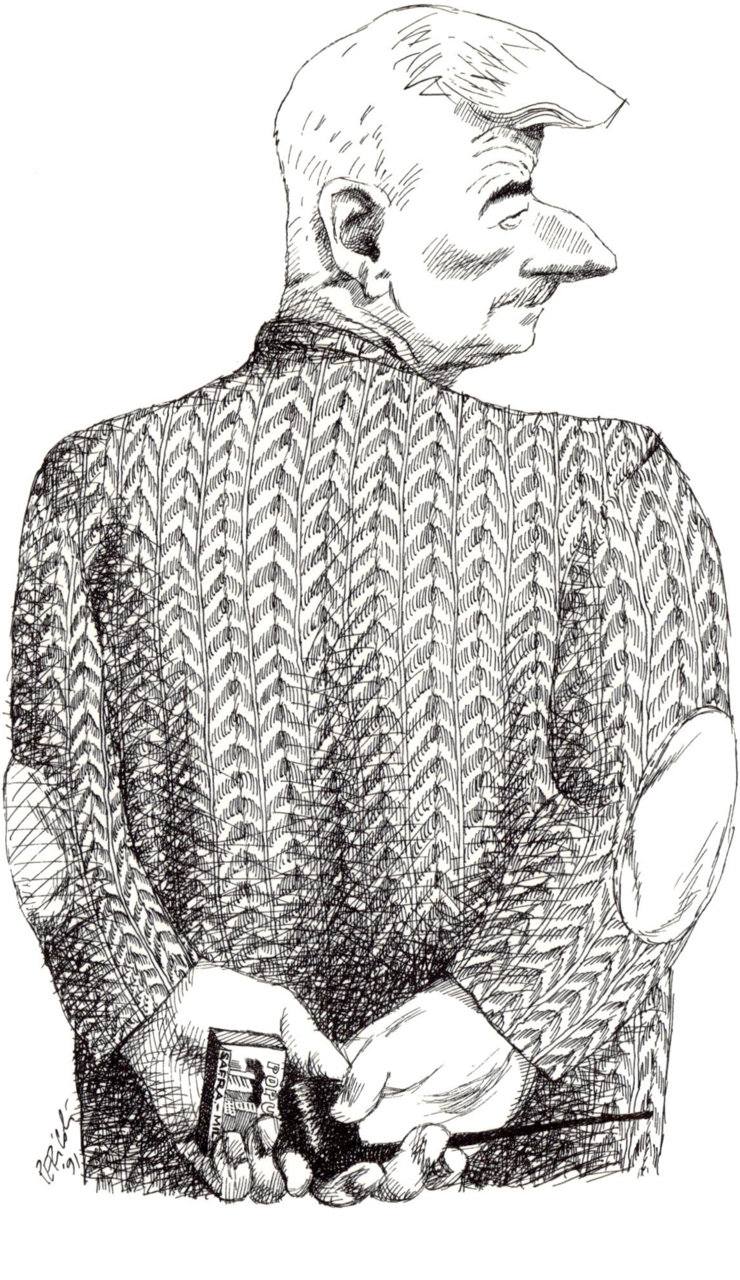

186. WILLIAM FAULKNER

187. WILLIAM FAULKNER

188. FEDERICO FELLINI

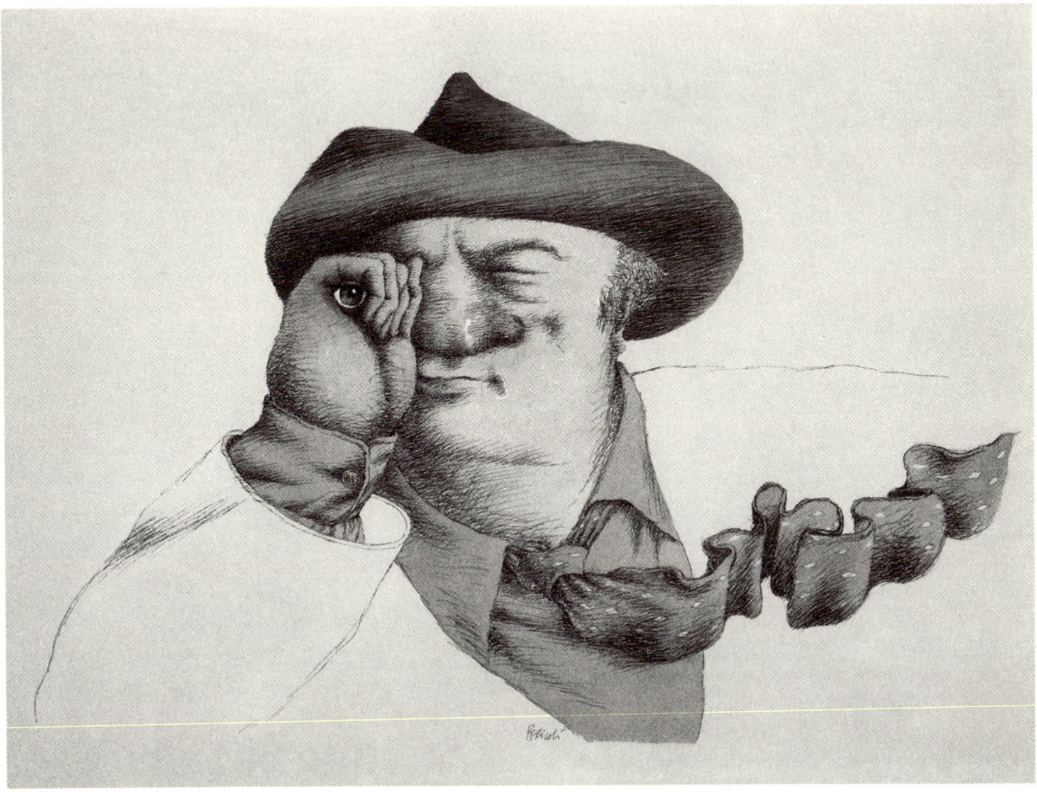

189. FEDERICO FELLINI

190. BEPPE FENOGLIO

191. SÁNDOR FERENCZI

192. RICHARD P. FEYNMAN

193. HENRY FIELDING

194. FRANCIS SCOTT FITZGERALD

195. ENNIO FLAIANO

196. GUSTAVE FLAUBERT

197. DARIO FO

198. E.M. FORSTER

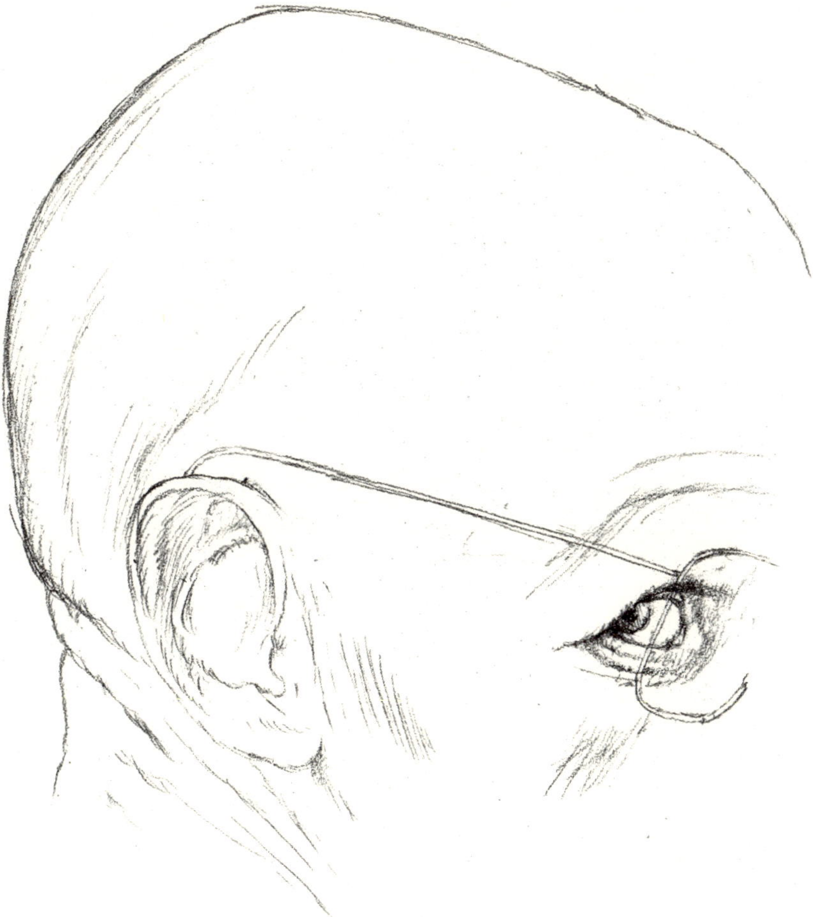

199. MICHEL FOUCAULT

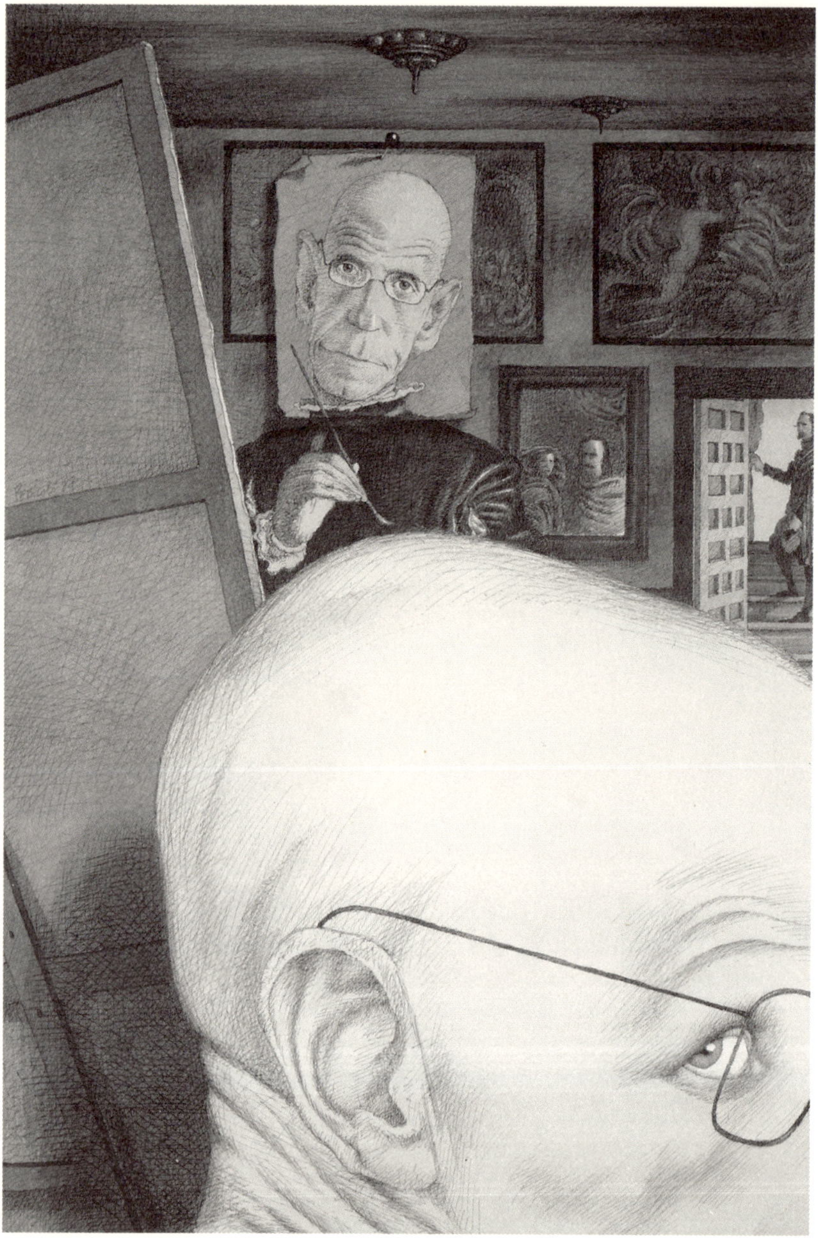

200. MICHEL FOUCAULT

201. SIGMUND FREUD

202. SIGMUND FREUD

203. SIGMUND FREUD

204. SIGMUND FREUD

205. MAX FRISCH

206. ROBERT FROST

207. CARLO FRUTTERO E FRANCO LUCENTINI

208. CARLO EMILIO GADDA

209. CARLO EMILIO GADDA

210. CARLO EMILIO GADDA

211. CESARE GARBOLI

212. FEDERICO GARCÍA LORCA

213. FEDERICO GARCÍA LORCA

214. GABRIEL GARCÍA MÁRQUEZ

215. GIOVANNA GARZONI

216. JEAN GENET

217. ANDRÉ GIDE

218. NATALIA GINZBURG

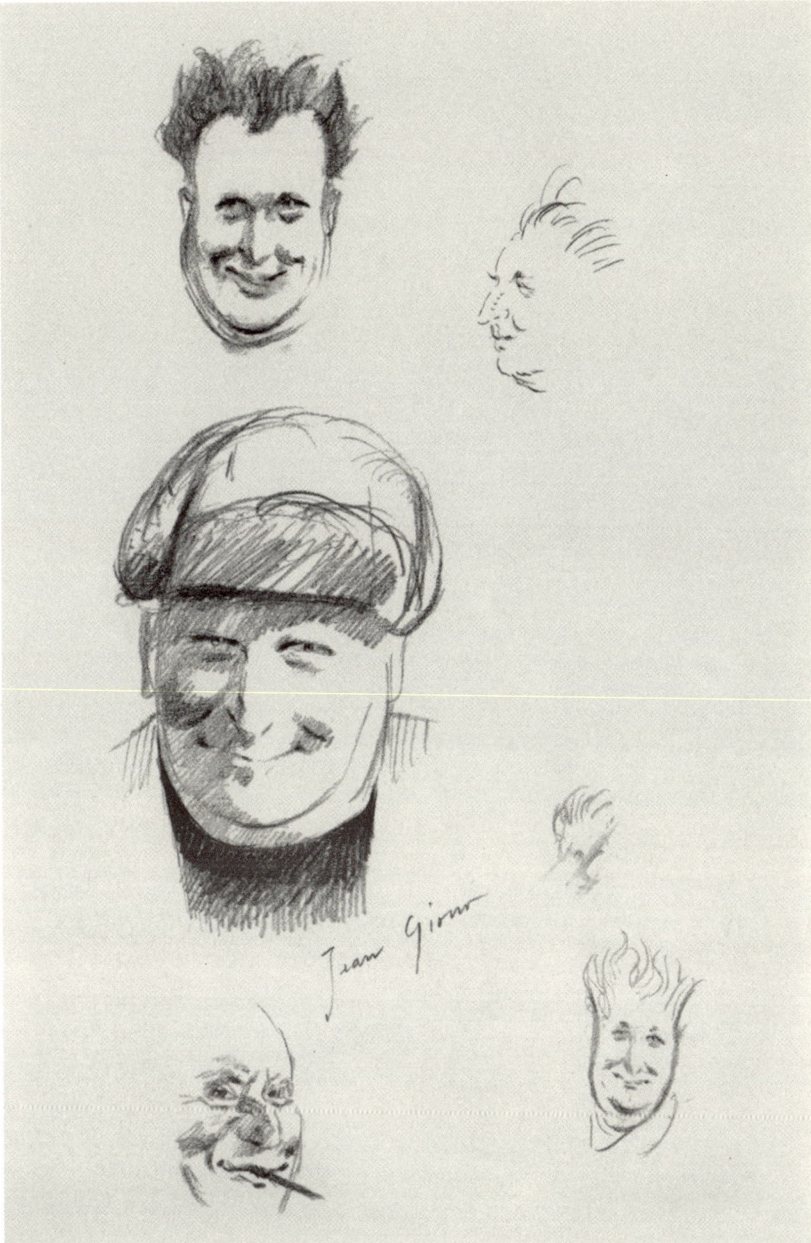

219. JEAN GIONO

220. JEAN GIONO

221. RENÉ GIRARD

222. GIOVANNI GIUDICI

223. ALFREDO GIULIANI

224. PIERO GOBETTI

225. JOHANN WOLFGANG VON GOETHE

226. JOHANN WOLFGANG VON GOETHE

227. NIKOLAJ GOGOL’

228. WILLIAM GOLDING

229. ERNST GOMBRICH

230. WITOLD GOMBROWICZ

231. GLENN GOULD

232. JULIEN GRACQ

233. ANTONIO GRAMSCI

234. GÜNTER GRASS

235. GÜNTER GRASS

236. JULIEN GREEN

237. GRAHAM GREENE

238. GRAHAM GREENE

239. DAVID GROSSMAN

240. RENÉ GUÉNON

241. HERWIG GURATZSCH

242. JÜRGEN HABERMAS

243. SAMUEL DASHIELL HAMMETT

244. PETER HANDKE

245. NATHANIEL HAWTHORNE

246. SEAMUS HEANEY

247. MARTIN HEIDEGGER

248. ERNEST MILLER HEMINGWAY

249. ERNEST MILLER HEMINGWAY

250. ERNEST MILLER HEMINGWAY

251. HERMANN HESSE

252. PATRICIA HIGHSMITH

253. JAMES HILLMAN

254. ALFRED HITCHCOCK

255. ALFRED HITCHCOCK

256. HUGO VON HOFMANNSTHAL

257. HUGO VON HOFMANNSTHAL

258. VLADIMIR HOROWITZ

259. VLADIMIR HOROWITZ

260. BOHUMIL HRABAL

261. BOHUMIL HRABAL

262. VICTOR HUGO

263. ALDOUS HUXLEY

264. ALDOUS HUXLEY

265. EUGÈNE IONESCO

266. EUGÈNE IONESCO

267. CHRISTOPHER ISHERWOOD

268. KAZUO ISHIGURO

269. FLEUR JAEGGY

270. HENRY JAMES

271. JAMES JOYCE

272. JAMES JOYCE

273. JAMES JOYCE

274. JAMES JOYCE

275. JAMES JOYCE

276. CARL GUSTAV JUNG

277. CARL GUSTAV JUNG

278. ERNST JÜNGER

279. ERNST JÜNGER

280. FRANZ KAFKA

281. FRANZ KAFKA

282. FRANZ KAFKA

283. FRANZ KAFKA

284. FRANZ KAFKA

285. FRANZ KAFKA

286. VASILIJ KANDINSKIJ

287. BUSTER KEATON

288. JACK KEROUAC

289. JOHN MAYNARD KEYNES

290. STEPHEN KING

291. RUDYARD KIPLING

292. DANILO KIŠ

293. MELANIE KLEIN

294. HEINRICH VON KLEIST

295. JUDITH TARCHER KRANTZ

296. KARL KRAUS

297. KARL KRAUS

298. AGOTA KRISTOF

299. MILAN KUNDERA

300. MILAN KUNDERA

301. MILAN KUNDERA

302. JACQUES LACAN

303. TOMMASO LANDOLFI

304. TOMMASO LANDOLFI

305. LAUTRÉAMONT

306. DAVID HERBERT LAWRENCE

307. PAUL LÉAUTAUD

308. PAUL LÉAUTAUD

309. JOHN LE CARRÉ

310. LE CORBUSIER

311. MICHEL LEIRIS

312. GIACOMO LEOPARDI

313. GIACOMO LEOPARDI

314. ALEXANDER LERNET-HOLENIA

315. DORIS LESSING

316. DORIS LESSING

317. CARLO LEVI

318. PRIMO LEVI

319. PRIMO LEVI

320. CLAUDE LÉVI-STRAUSS

321. ASTRID LINDGREN

322. CLARICE LISPECTOR

323. JACK LONDON

324. ROBERTO LONGHI

325. KONRAD LORENZ

326. LEOPOLDO LUGONES

327. MARIO LUZI

328. GIOVANNI MACCHIA

329. ARTHUR MACHEN

330. CLAUDIO MAGRIS

331. CLAUDIO MAGRIS

332. GUSTAV MAHLER

333. NORMAN MAILER

334. VLADIMIR MAJAKOVSKIJ

335. BERNARD MALAMUD

336. CURZIO MALAPARTE

337. LUIGI MALERBA

338. STÉPHANE MALLARMÉ

339. ANDRÉ MALRAUX

340. OSIP MANDEL'ŠTAM

341. GIORGIO MANGANELLI

342. GIORGIO MANGANELLI

343. HEINRICH MANN

344. THOMAS MANN

345. THOMAS MANN

346. THOMAS MANN

347. KATHERINE MANSFIELD

348. ALESSANDRO MANZONI

349. SÁNDOR MÁRAI

350. JAVIER MARÍAS

351. GIOVANNI MARIOTTI

352. CHICO, GROUCHO E HARPO MARX

353. KARL MARX

354. LUCIO MASTRONARDI

355. WILLIAM SOMERSET MAUGHAM

356. GUY DE MAUPASSANT

357. FRANK McCOURT

358. CARSON SMITH McCULLERS

359. IAN McEWAN

360. HERMAN MELVILLE

361. HERMAN MELVILLE

362. LUIGI MENEGHELLO

363. IZRAIL METTER

364. GUSTAV MEYRINK

365. HENRY MILLER

366. HENRY MILLER

367. CZESŁAW MIŁOSZ

368. ARNALDO MOMIGLIANO

369. EUGENIO MONTALE

370. EUGENIO MONTALE

371. EUGENIO MONTALE

372. GIORGIO MORANDI

373. ELSA MORANTE

374. ALBERTO MORAVIA

375. GUIDO MORSELLI

376. ROBERT MUSIL

377. ROBERT MUSIL

378. ROBERT MUSIL

379. ÁLVARO MUTIS

380. VLADIMIR NABOKOV

381. V.S. NAIPAUL

382. V.S. NAIPAUL

383. FRIEDRICH NIETZSCHE

384. ANAÏS NIN

385. NOVALIS

386. FLANNERY O'CONNOR

387. ŌE KENZABURŌ

388. MICHAEL ONDAATJE

389. ANNA MARIA ORTESE

390. ANNA MARIA ORTESE

391. GEORGE ORWELL

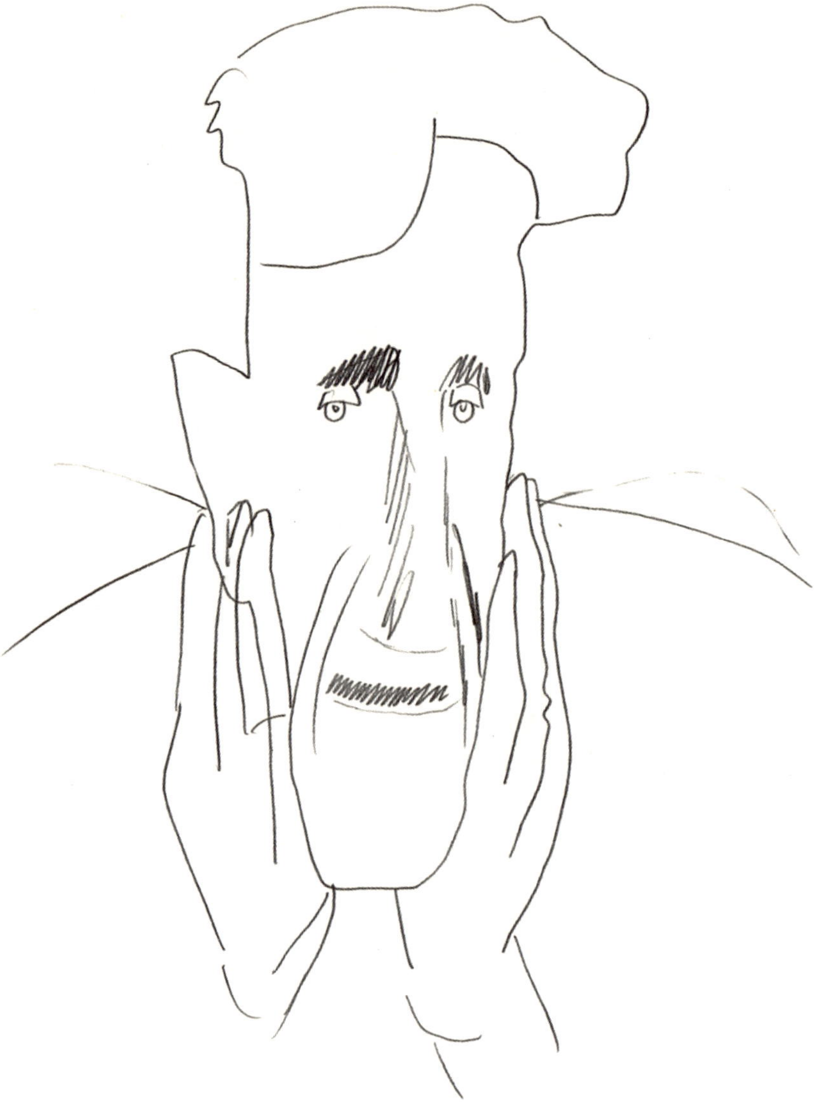

392. GEORGE ORWELL

393. OTTIERO OTTIERI

394. AMOS OZ

395. ALDO PALAZZESCHI

396. RAIMUNDO PANIKKAR

397. GIOVANNI PAPINI

398. GOFFREDO PARISE

399. DOROTHY PARKER

400. GIOVANNI PASCOLI

101. PIER PAOLO PASOLINI

402. PIER PAOLO PASOLINI

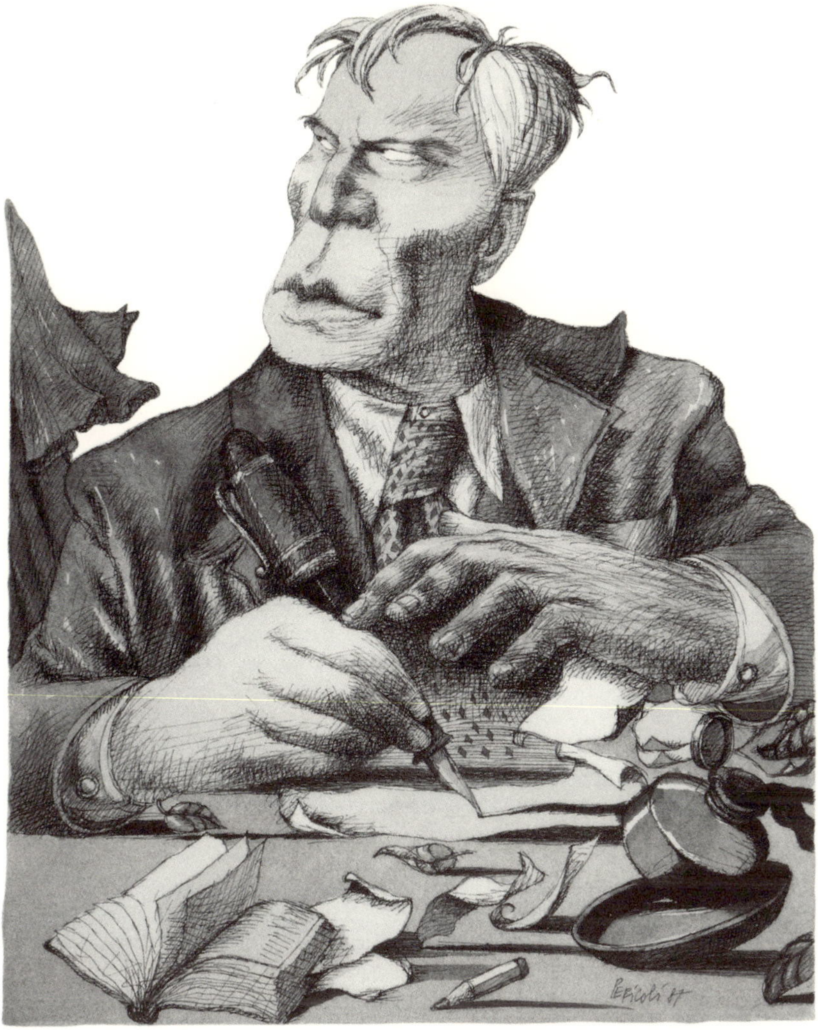

403. BORIS PASTERNAK

404. BORIS PASTERNAK

405. CESARE PAVESE

406. OCTAVIO PAZ

407. OCTAVIO PAZ

408. DANIEL PENNAC

409. GEORGES PEREC

410. GEORGES PEREC

411. FERNANDO PESSOA

412. FERNANDO PESSOA

413. LUIGI PIRANDELLO

414. ANTONIO PIZZUTO

415. SYLVIA PLATH

416. EDGAR ALLAN POE

417. EDGAR ALLAN POE

418. GIUSEPPE PONTIGGIA

419. KARL RAIMUND POPPER

420. CHAIM POTOK

421. EZRA LOOMIS POUND

422. EZRA LOOMIS POUND

423. ANTHONY POWELL

424. DOLORES PRATO

425. VASCO PRATOLINI

426. MARIO PRAZ

427. V.S. PRITCHETT

428. FREDERIC PROKOSCH

429. MARCEL PROUST

430. MARCEL PROUST

431. MARCEL PROUST

432. MARCEL PROUST

433. ALEKSANDR SERGEEVIČ PUŠKIN

434. RAYMOND QUENEAU

435. FRANÇOIS RABELAIS

436. JEAN RENOIR

437. JEAN RENOIR

438. MORDECAI RICHLER

439. MARIO RIGONI STERN

440. RAINER MARIA RILKE

441. RAINER MARIA RILKE

442. RAINER MARIA RILKE

443. ARTHUR RIMBAUD

444. ALAIN ROBBE-GRILLET

445. LALLA ROMANO

446. FRANZ ROSENZWEIG

447. HENRY ROTH

448. JOSEPH ROTH

449. JOSEPH ROTH

450. PHILIP ROTH

451. SALMAN RUSHDIE

452. JOHN RUSKIN

453. BERTRAND RUSSELL

454. UMBERTO SABA

455. OLIVER SACKS

456. SAKI

457. EMILIO SALGARI

458. JEROME DAVID SALINGER

459. JEROME DAVID SALINGER

460. LOU VON SALOMÉ

461. CARL SANDBURG

462. JEAN-PAUL SARTRE

463. JEAN-PAUL SARTRE

464. ALBERTO SAVINIO

465. FRITZ SAXL

466. EUGENIO SCALFARI

467. CARL SCHMITT

468. ARTHUR SCHNITZLER

469. ARTHUR SCHNITZLER

470. ARNOLD SCHÖNBERG

471. ARTHUR SCHOPENHAUER

472. FRANZ SCHUBERT

473. MARCEL SCHWOB

474. LEONARDO SCIASCIA

475. LEONARDO SCIASCIA

476. AMARTYA SEN

477. VITTORIO SERENI

478. WILLIAM SHAKESPEARE

479. IGNAZIO SILONE

480. GEORGES SIMENON

481. GEORGES SIMENON

482. CLAUDE SIMON

483. ISAAC BASHEVIS SINGER

484. ISAAC BASHEVIS SINGER

485. ANDREJ DONAT'EVIČ SINJAVSKIJ

486. EDITH SITWELL

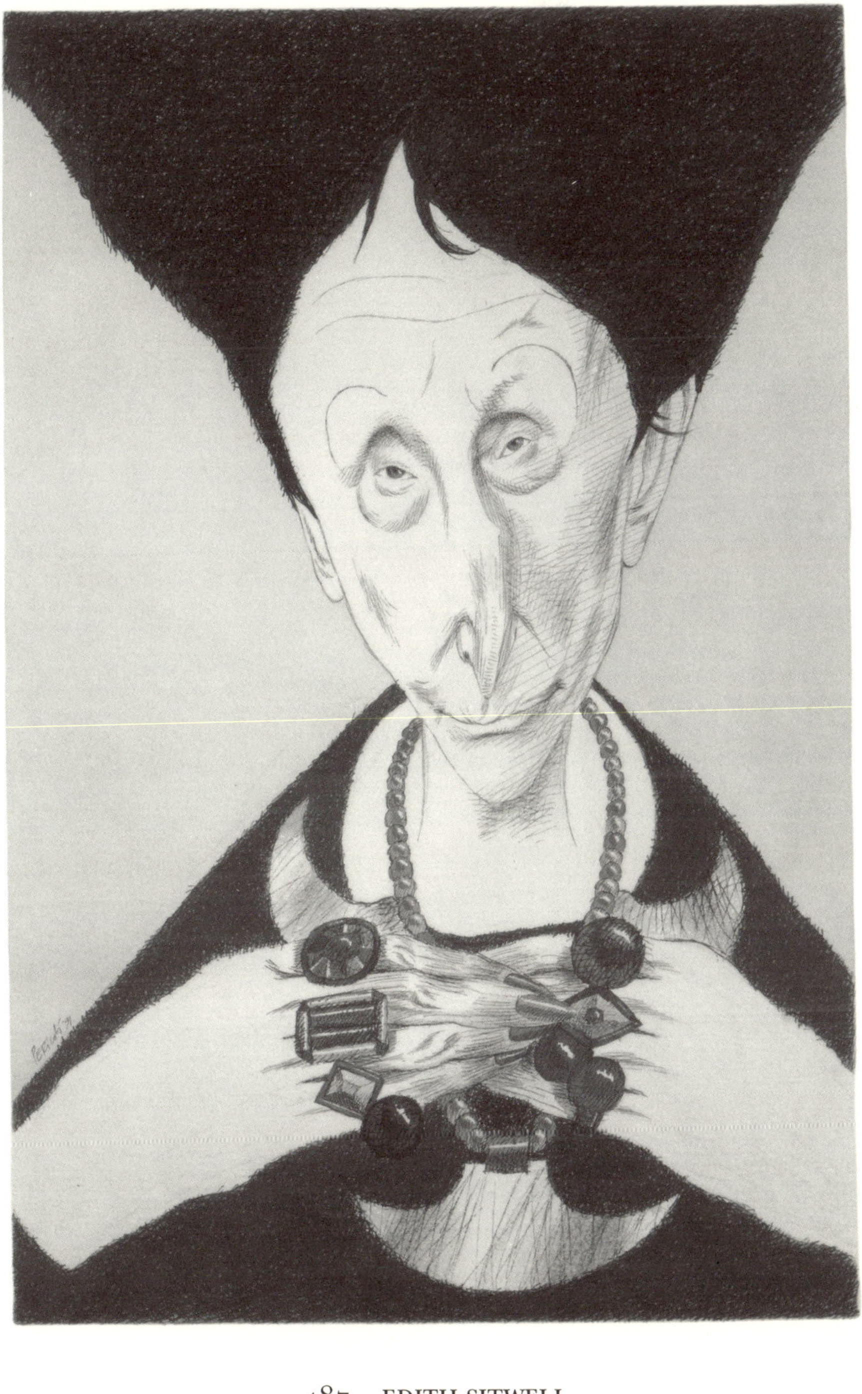

487. EDITH SITWELL

488. MARIO SOLDATI

489. ALEKSANDR ISAEVIČ SOLŽENICYN

490. SUSAN SONTAG

491. MURIEL SPARK

492. STANLIO & OLLIO (STAN LAUREL · OLIVER HARDY)

493. JEAN STAROBINSKI

494. GERTRUDE STEIN

495. JOHN STEINBECK

496. SAUL STEINBERG

497. STENDHAL

498. LAURENCE STERNE

499. ROBERT LOUIS STEVENSON

500. ROBERT LOUIS STEVENSON

501. ROBERT LOUIS STEVENSON

502. ROBERT LOUIS STEVENSON

503. ROBERT LOUIS STEVENSON

504. ROBERT LOUIS STEVENSON

505. ADALBERT STIFTER

506. IGOR STRAVINSKIJ

507. IGOR STRAVINSKIJ

508. IGOR STRAVINSKIJ

509. AUGUST STRINDBERG

510. AUGUST STRINDBERG

511. ITALO SVEVO

512. ITALO SVEVO

513. WISŁAWA SZYMBORSKA

514. ANTONIO TABUCCHI

515. EMILIO TADINI

516. GIOVANNI TESTORI

517. DYLAN THOMAS

518. DYLAN THOMAS

519. JAMES GROVER THURBER

520. J.R.R. TOLKIEN

521. LEV NIKOLAEVIČ TOLSTOJ

522. LEV NIKOLAEVIČ TOLSTOJ

523. LEV NIKOLAEVIČ TOLSTOJ

524. GIUSEPPE E ALESSANDRA TOMASI DI LAMPEDUSA

525. PIER VITTORIO TONDELLI

526. WILLIAM TREVOR

527. MARK TWAIN

528. MARK TWAIN

529. GIUSEPPE UNGARETTI

530. JOHN UPDIKE

531. PAUL VALÉRY

532. PAUL VALÉRY

533. MARIO VARGAS LLOSA

534. FRANCO VENTURI

535. VERCORS

536. GIUSEPPE VERDI

537. GIOVANNI VERGA

538. PAUL VERLAINE

539. JULES VERNE

540. BORIS VIAN

541. GORE VIDAL

542. VILLIERS DE L'ISLE-ADAM

543. LUCHINO VISCONTI

544. ELIO VITTORINI

545. PAOLO VOLPONI

546. PAOLO VOLPONI

547. VOLTAIRE

548. KURT VONNEGUT

549. DEREK WALCOTT

550. ROBERT WALSER

551. ROBERT WALSER

552. EVELYN WAUGH

553. MAX WEBER

554. SIMONE WEIL

555. ORSON WELLES

556. ORSON WELLES

557. H.G. WELLS

558. EDITH WHARTON

559. OSCAR WILDE

560. OSCAR WILDE

561. LUDWIG WITTGENSTEIN

562. P.G. WODEHOUSE

563. CHRISTA WOLF

564. TOM WOLFE

565. VIRGINIA WOOLF

566. VIRGINIA WOOLF

567. ZHANG XIANLIANG

568. W.B. YEATS

569. ABRAHAM B. YEHOSHUA

570. MARGUERITE YOURCENAR

571. MARGUERITE YOURCENAR

572. MARGUERITE YOURCENAR

573. ANDREA ZANZOTTO

574. ANDREA ZANZOTTO

575. CESARE ZAVATTINI

576. ÉMILE ZOLA

577. ELÉMIRE ZOLLA

INDICE DELLE TAVOLE

1. Anna Achmatova
1992, matita, 33 x 24 cm
2. Theodor Adorno
1989, inchiostro su carta, 35 x 28 cm
3. Theodor Adorno
1990, matita, 29,5 x 21 cm
4. Theodor Adorno
1990, inchiostro su carta, 35 x 28 cm
5. Pedro Antonio de Alarcón y Ariza
1992, pastelli, 33 x 24 cm
6. Woody Allen
1987, acquerello e inchiostro su carta, 56 x 38 cm
7. Woody Allen
1992, matita, 29,5 x 21 cm
8. Woody Allen
1990, acquerello e inchiostro su carta, 49 x 33,5 cm
9. Isabel Allende
2002, carboncino, 29,5 x 21 cm
10. Pedro Almodóvar
1994, matita, 29,5 x 21 cm
11. Pedro Almodóvar
1994, acquerello e inchiostro su carta, 38 x 28 cm
12. Peter Altenberg
2002, carboncino, 38,5 x 28,5 cm
13. Corrado Alvaro
1994, matita, 29,5 x 21 cm

14. Jorge Amado
2002, carboncino, 35,5 x 28 cm

15. Ivo Andrič
2002, carboncino, 38,5 x 28,5 cm

16. Guillaume Apollinaire
1993, matita, 29,5 x 21 cm

17. Alberto Arbasino
2001, matita, 29,5 x 21 cm

18. Hannah Arendt
2001, inchiostro su carta, 38,5 x 28,5 cm

19. Antonin Artaud
1999, matita, 29,5 x 21 cm

20. Antonin Artaud
1999, matita, 29,5 x 21 cm

21. Margaret Atwood
2001, matita, 29,5 x 21 cm

22. W.H. Auden
1992, matita, 29,5 x 21 cm

23. W.H. Auden
1992, matita, 29,5 x 21 cm

24. Jane Austen
1994, matita, 29,5 x 21 cm

25. Johann Sebastian Bach
1986, acquerello e inchiostro su carta, 56 x 38 cm

26. Ingeborg Bachmann
2002, carboncino, 38,5 x 28,5 cm

27. Michail Michajlovič Bachtin
1988, inchiostro su carta, 35 x 28 cm

28. Honoré de Balzac
1997, matita, 29,5 x 21 cm

29. John Banville
1998, matita, 29,5 x 21 cm

30. Roland Barthes
1995, matita, 29,5 x 21 cm

31. Giambattista Basile
1995, matita, 30,5 x 42 cm

32. Giorgio Bassani
1998, matita, 29,5 x 21 cm

33. Georges Bataille
2002, carboncino, 38,5 x 28,5 cm

34. Gregory Bateson
2002, carboncino, 38,5 x 28,5 cm

35. Charles Baudelaire
1987, inchiostro su carta, 35 x 28 cm

36. Charles Baudelaire
1996, matita, 29,5 x 21 cm

37. Charles Baudelaire
1987, acquerello e inchiostro su carta, 58 x 38 cm

38. Simone de Beauvoir
2002, carboncino, 29,5 x 21 cm

39. Samuel Beckett
1996, acquerello e inchiostro su carta, 28 x 38 cm

40. Samuel Beckett
1989, inchiostro su carta, 38 x 28 cm

41. Samuel Beckett
2000, matita, 29,5 x 21 cm

42. Samuel Beckett
1991, acquerello e inchiostro su carta, 57 x 38 cm

43. Samuel Beckett
1986, acquerello e inchiostro su carta, 56 x 38 cm

44. William Beckford
1992, pastelli, 33 x 24 cm

45. Ludwig van Beethoven
1995, matita, 29,5 x 21 cm

46. Saul Bellow
1987, inchiostro su carta, 35 x 28 cm

47. Saul Bellow
1991, acquerello e inchiostro su carta, 57 x 38 cm

48. Carmelo Bene
1995, matita, 29,5 x 21 cm

49. Walter Benjamin
1998, matita, 29,5 x 21 cm

50. Gottfried Benn
2002, carboncino, 38,5 x 28,5 cm

51. Gottfried Benn
2002, matita, 29,5 x 21 cm

52. Nina Berberova
2002, carboncino, 38,5 x 28,5 cm

53. Bernhard Berenson
1993, matita, 29,5 x 21 cm

54. Ingmar Bergman
1992, matita, 32 x 24 cm

55. Luciano Berio
1989, matita, 29,5 x 21 cm

56. Isaiah Berlin
1999, matita, 29,5 x 21 cm

57. Thomas Bernhard
1990, inchiostro su carta, 35 x 28 cm

58. Thomas Bernhard
1991, matita, 38 x 28 cm

59. Thomas Bernhard
1992, inchiostro su carta, 35 x 28 cm

60. Attilio Bertolucci
1993, matita, 29,5 x 21 cm

61. Francesco Biamonti
1998, matita, 29,5 x 21 cm

62. Romano Bilenchi
1990, inchiostro su carta, 35 x 28 cm

63. Karen Blixen
1997, pastelli, 29,5 x 21 cm

64. Karen Blixen
1997, matita, 29,5 x 21 cm

65. Ernst Bloch
1994, matita, 32 x 24 cm

66. Ernst Bloch
1994, matita, 29,5 x 21 cm

67. Léon Bloy
1992, pastelli, 33 x 24 cm

68. Giorgio Bocca
2001, matita, 29,5 x 21 cm

69. Heinrich Böll
1989, inchiostro su carta, 35 x 28 cm

70. Rudolf Borchardt
2002, carboncino, 38,5 x 28,5 cm

71. Jorge Luis Borges
1992, pastelli, 33 x 24 cm

72. Jorge Luis Borges
1990, inchiostro su carta, 35 x 28

73. Jorge Luis Borges
1987, acquerello e inchiostro su carta, 56 x 38 cm

74. Jorge Luis Borges
1992, matita, 29,5 x 21 cm

75. Johannes Brahms
1997, inchiostro su carta, 35 x 27,5 cm

76. Vitaliano Brancati
1993, matita, 29,5 x 21 cm

77. Vitaliano Brancati
1993, pastelli, 33,5 x 24,5 cm

78. Kazimierz Brandys
1989, inchiostro su carta, 35 x 28 cm

79. Richard Brautigan
1989, inchiostro su carta, 38 x 28 cm

80. Bertolt Brecht
1991, acquerello e inchiostro su carta, 57 x 38 cm

81. Benjamin Britten
1993, acquerello e inchiostro su carta, 38 x 28 cm

82. Benjamin Britten
1993, matita, 29,5 x 21 cm

83. Iosif Brodskij
1991, acquerello e inchiostro su carta, 57 x 38 cm

84. Peter Brook
1992, matita, 29,5 x 21 cm

85. Gesualdo Bufalino
1988, inchiostro su carta, 35 x 28 cm

86. Gesualdo Bufalino
1992, acquerello e inchiostro su carta, 38 x 28,5 cm

87. Charles Bukowski
2002, carboncino, 29,5 x 21 cm

88. Michail Bulgakov
1992, matita, 29,5 x 21 cm

89. Luis Buñuel
1987, acquerello e inchiostro su carta, 56 x 38 cm

90. Luis Buñuel
1984, matita e pastelli, 36 x 25,5 cm

91. Anthony Burgess
1995, matita, 29,5 x 21 cm

92. William S. Burroughs
1994, matita, 29,5 x 21 cm

93. Aldo Buzzi
2001, matita, 29,5 x 21 cm

94. Lord George Gordon Byron
1987, inchiostro su carta, 35 x 28 cm

95. Massimo Cacciari
2001, matita, 29,5 x 21 cm

96. Pëtr Il'ič Čajkovskij
1996, acquerello e inchiostro su carta, 38 x 28 cm

97. Pëtr Il'ič Čajkovskij
1996, matita, 29,5 x 21 cm

98. Roberto Calasso
1993, acquerello e inchiostro su carta, 38 x 28 cm

99. Roberto Calasso
1993, matita, 29,5 x 21 cm

100. Maria Callas
1997, matita, 29,5 x 21 cm

101. Italo Calvino
1991, matita, 29,5 x 21 cm

102. Italo Calvino
1987, acquerello e inchiostro su carta, 56 x 38 cm

103. Italo Calvino
1994, acquerello e inchiostro su carta, 57 x 38 cm

104. Dino Campana
1999, matita, 29,5 x 21 cm

105. Achille Campanile
1989, inchiostro su carta, 35 x 28 cm

106. Albert Camus
1998, matita, 32 x 24 cm

107. Elias Canetti
1989, inchiostro su carta, 35 x 28 cm

108. Truman Capote
1990, acquerello e inchiostro su carta, 38 x 28 cm

109. Giorgio Caproni
1990, matita, 29,5 x 21 cm

110. Giorgio Caproni
1990, inchiostro su carta, 35 x 28 cm

111. Alejo Carpentier
2000, matita, 29,5 x 21 cm

112. Lewis Carroll
2002, carboncino, 38,5 x 28,5 cm

113. Raymond Carver
1987, inchiostro su carta, 35 x 28 cm

114. Adolfo Bioy Casares
1992, pastelli, 33 x 24 cm

115. Cesare Cases
1992, matita, 32 x 24 cm

116. Jacques Cazotte
1992, pastelli, 33 x 24 cm

117. Anton Čechov
1997, acquerello e inchiostro su carta, 38 x 28 cm

118. Anton Čechov
1991, matita, 29,5 x 21 cm

119. Anton Čechov
1991, matita, 29,5 x 21 cm

120. Paul Celan
1994, matita, 29,5 x 21 cm

121. Louis-Ferdinand Céline
1996, matita, 29,5 x 21 cm

122. Louis-Ferdinand Céline
1990, inchiostro su carta, 35 x 28 cm

123. Blaise Cendrars
2002, carboncino, 38,5 x 28,5 cm

124. Guido Ceronetti
1990, inchiostro su carta, 35 x 28 cm

125. Raymond Chandler
1992, inchiostro su carta, 35 x 28 cm

126. Charlie Chaplin
1988, inchiostro su carta, 35 x 28 cm

127. Bruce Chatwin
1991, matita, 38 x 28 cm

128. Grazia Cherchi
1995, matita, 29,5 x 21 cm

129. Gilbert Keith Chesterton
1992, pastelli, 33 x 24 cm

130. Noam Chomsky
1994, matita, 29,5 x 21 cm

131. Agatha Christie
1996, matita, 29,5 x 21 cm

132. E.M. Cioran
1990, inchiostro su carta, 35 x 28 cm

133. Pietro Citati
1995, matita, 29,5 x 21 cm

134. John Coetzee
1993, matita, 29,5 x 21 cm

135. Colette
2001, matita, 29,5 x 21 cm

136. Carlo Collodi
2002, carboncino, 38,5 x 28,5 cm

137. Ivy Compton-Burnett
2002, carboncino, 32 x 28,5 cm

138. Joseph Conrad
1992, inchiostro su carta, 35 x 28 cm

139. Gianfranco Contini
1988, inchiostro su carta, 35 x 28 cm

140. Julio Cortázar
1992, pastelli, 33 x 24 cm

141. Benedetto Croce
1987, acquerello e inchiostro su carta, 56 x 38 cm

142. Marina Cvetaeva
1988, inchiostro su carta, 35 x 28 cm

143. Gabriele D'Annunzio
1987, inchiostro su carta, 35 x 28 cm

144. Silvio D'Arzo
2002, carboncino, 38,5 x 28,5 cm

145. Charles Darwin
1986, acquerello e inchiostro su carta, 56 x 38 cm

146. René Daumal
2002, carboncino, 38,5 x 28,5 cm

147. Edmondo De Amicis
1996, matita, 29,5 x 21 cm

148. Edmondo De Amicis
1996, matita, 29,5 x 21 cm

149. Giorgio De Chirico
1989, acquerello e inchiostro su carta, 56 x 39 cm

150. Giorgio De Chirico
1986, acquerello e inchiostro su carta, 57 x 38 cm

151. Eduardo De Filippo
1995, matita, 29,5 x 21 cm

152. Don De Lillo
2000, matita, 29,5 x 21 cm

153. Daniele Del Giudice
1997, matita, 29,5 x 21 cm

154. Jacques Derrida
2002, carboncino, 38,5 x 28,5 cm

155. Anita Desai
2001, matita, 29,5 x 21 cm

156. René Descartes
1996, acquerello e inchiostro su carta, 48 x 38 cm

157. Charles Dickens
1995, matita, 29,5 x 21 cm

158. Emily Dickinson
1990, matita, 29,5 x 21 cm

159. Emily Dickinson
1995, matita, 29,5 x 21 cm

160. Carlo Dionisotti
1995, matita, 29,5 x 21 cm

161. Alfred Döblin
1995, matita, 29,5 x 21 cm

162. Alfred Döblin
1989, inchiostro su carta, 35 x 28 cm

163. Fëdor Dostoevskij
1980, acquerello e inchiostro su carta, 56 x 38 cm

164. Fëdor Dostoevskij
1992, inchiostro su carta, 35 x 28 cm

165. Norman Douglas
2002, carboncino, 38,5 x 28,5 cm

166. Pierre Drieu La Rochelle
1995, matita, 29,5 x 21 cm

167. Annette von Droste-Hülshoff
1996, acquerello e inchiostro su carta, 57 x 38 cm

168. Alexandre Dumas padre
1998, matita, 32,5 x 24 cm

169. Lord Dunsany
1992, pastelli, 33 x 24 cm

170. Marguerite Duras
1996, matita, 29,5 x 21 cm

171. Friedrich Dürrenmatt
2002, carboncino, 38,5 x 28,5 cm

172. Umberto Eco
1999, inchiostro su carta, 35,5 x 28 cm

173. Umberto Eco
1990, acquerello e inchiostro su carta, 38 x 28 cm

174. Umberto Eco
1980, acquerello e inchiostro su carta, 46 x 36,6 cm

175. Albert Einstein
1985, acquerello e inchiostro su carta, 38 x 28 cm

176. Albert Einstein
1990, inchiostro su carta, 35 x 28 cm

177. Albert Einstein
1987, acquerello e inchiostro su carta, 56 x 38 cm

178. Albert Einstein
1988, acquerello e inchiostro su carta, 58 x 38 cm

179. Sergej M. Ejzenštejn
1985, inchiostro su carta, 36 x 25,5 cm

180. Norbert Elias
1989, inchiostro su carta, 35 x 28 cm

181. George Eliot
1999, matita, 29,5 x 21 cm

182. T.S. Eliot
1988, inchiostro su carta, 35 x 28 cm

183. T.S. Eliot
1993, matita, 29,5 x 21 cm

184. James Ellroy
1997, matita, 29,5 x 21 cm

185. Hans Magnus Enzensberger
1989, inchiostro su carta, 35 x 28 cm

186. William Faulkner
1991, inchiostro su carta, 35 x 28 cm

187. William Faulkner
1992, matita, 29,5 x 21 cm

188. Federico Fellini
1992, inchiostro su carta, 35 x 28 cm

189. Federico Fellini
1985, acquerello e inchiostro su carta, 38 x 57 cm

190. Beppe Fenoglio
1995, matita, 29,5 x 21 cm

191. Sándor Ferenczi
1993, matita, 29,5 x 21 cm

192. Richard P. Feynman
2002, carboncino, 38,5 x 28,5 cm

193. Henry Fielding
1998, matita, 29,5 x 21 cm

194. Francis Scott Fitzgerald
1990, matita, 29,5 x 21 cm

195. Ennio Flaiano
1993, pastelli, 33,5 x 24,5 cm

196. Gustave Flaubert
1989, inchiostro su carta, 35 x 28 cm

197. Dario Fo
1997, pastelli, 33 x 21 cm

198. E.M. Forster
2002, carboncino, 35,5 x 28 cm

199. Michel Foucault
1987, matita, 35 x 28 cm

200. Michel Foucault
1987, acquerello e inchiostro su carta, 56 x 38 cm

201. Sigmund Freud
1991, acquerello e inchiostro su carta, 57 x 38 cm

202. Sigmund Freud
1981, matita, 29,5 x 21 cm

203. Sigmund Freud
1986, acquerello e inchiostro su carta, 56 x 38 cm

204. Sigmund Freud
2002, carboncino, 38,5 x 28,5 cm

205. Max Frisch
1991, matita, 29,5 x 21 cm

206. Robert Frost
1999, acquerello e inchiostro su carta, 38 x 28 cm

207. Carlo Fruttero e Franco Lucentini
1992, matita, 32 x 24 cm

208. Carlo Emilio Gadda
1988, acquerello e inchiostro su carta, 58 x 38 cm

209. Carlo Emilio Gadda
1988, acquerello e inchiostro su carta, 57 x 38 cm

210. Carlo Emilio Gadda
1990, inchiostro su carta, 35 x 28 cm

211. Cesare Garboli
2001, matita, 29,5 x 21 cm

212. Federico García Lorca
1993, carboncino, 29,5 x 21 cm

213. Federico García Lorca
1989, inchiostro su carta, 35 x 28 cm

214. Gabriel García Márquez
1990, inchiostro su carta, 35 x 28 cm

215. Giovanna Garzoni
1996, acquerello e inchiostro su carta, 57 x 38 cm

216. Jean Genet
1989, inchiostro su carta, 35 x 28 cm

217. André Gide
2002, carboncino, 38,5 x 28,5 cm

218. Natalia Ginzburg
1986, inchiostro su carta, 36 x 25,5 cm

219. Jean Giono
1997, matita, 24 x 16 cm

220. Jean Giono
1996, matita, 32 x 24 cm

221. René Girard
2000, matita, 29,5 x 21 cm

222. Giovanni Giudici
1996, matita, 29,5 x 21 cm

223. Alfredo Giuliani
1994, matita, 32 x 24 cm

224. Piero Gobetti
1991, inchiostro su carta, 35 x 28 cm

225. Johann Wolfgang von Goethe
1989, inchiostro su carta, 35 x 28 cm

226. Johann Wolfgang von Goethe
1991, acquerello e inchiostro su carta, 57 x 38 cm

227. Nikolaj Gogol'
2002, carboncino, 38,5 x 28,5 cm

228. William Golding
2002, carboncino, 35,5 x 28 cm

229. Ernst Gombrich
1990, inchiostro su carta, 35 x 28 cm

230. Witold Gombrowicz
1991, matita, 29,5 x 21 cm

231. Glenn Gould
1989, inchiostro su carta, 35 x 28 cm

232. Julien Gracq
1993, matita, 29,5 x 21 cm

233. Antonio Gramsci
1990, inchiostro su carta, 35 x 28 cm

234. Günter Grass
1987, acquerello e inchiostro su carta, 56 x 38 cm

235. Günter Grass
1992, matita, 29,5 x 21 cm

236. Julien Green
1994, matita, 29,5 x 21 cm

237. Graham Greene
1984, matita, 29,5 x 21 cm

238. Graham Greene
1984, inchiostro su carta, 35 x 28 cm

239. David Grossman
1992, matita, 29,5 x 21 cm

240. René Guénon
2002, carboncino, 38,5 x 28,5 cm

241. Herwig Guratzsch
1991, acquerello e inchiostro su carta, 38 x 28 cm

242. Jürgen Habermas
1987, inchiostro su carta, 35 x 28 cm

243. Samuel Dashiell Hammett
1992, inchiostro su carta, 35 x 28 cm

244. Peter Handke
1988, inchiostro su carta, 35 x 28 cm

245. Nathaniel Hawthorne
1992, matita, 29,5 x 21 cm

246. Seamus Heaney
1995, matita, 29,5 x 21 cm

247. Martin Heidegger
1995, matita, 29,5 x 21 cm

248. Ernest Miller Hemingway
1986, matita, 29,5 x 21 cm

249. Ernest Miller Hemingway
2002, carboncino, 38,5 x 28,5 cm

250. Ernest Miller Hemingway
1986, acquerello e inchiostro su carta, 38 x 57 cm

251. Hermann Hesse
1990, inchiostro su carta, 35 x 28 cm

252. Patricia Highsmith
1992, matita, 29,5 x 21 cm

253. James Hillman
1997, matita, 29,5 x 21 cm

254. Alfred Hitchcock
1991, acquerello e inchiostro su carta, 57 x 38 cm

255. Alfred Hitchcock
1991, matita, 29,5 x 21 cm

256. Hugo von Hofmannsthal
2002, carboncino, 38,5 x 28,5 cm

257. Hugo von Hofmannsthal
2002, carboncino, 38,5 x 28,5 cm

258. Vladimir Horowitz
1986, matita, 42 x 29,5 cm

259. Vladimir Horowitz
1986, acquerello e inchiostro su carta, 56 x 38 cm

260. Bohumil Hrabal
1991, matita, 42 x 31 cm

261. Bohumil Hrabal
1995, matita, 29,5 x 21 cm

262. Victor Hugo
2002, carboncino, 38,5 x 28,5 cm

263. Aldous Huxley
1995, matita, 29,5 x 21 cm

264. Aldous Huxley
1995, matita, 29,5 x 21 cm

265. Eugène Ionesco
1991, inchiostro su carta, 35 x 28 cm

266. Eugène Ionesco
1991, matita, 29,5 x 21 cm

267. Christopher Isherwood
1990, inchiostro su carta, 35 x 28 cm

268. Kazuo Ishiguro
1995, matita, 29,5 x 21 cm

269. Fleur Jaeggy
1994, matita, 29,5 x 21 cm

270. Henry James
1992, pastelli, 33 x 24 cm

271. James Joyce
1992, matita, 29,5 x 21 cm

272. James Joyce
1987, matita, 35 x 28 cm

273. James Joyce
1990, inchiostro su carta, 35 x 28 cm

274. James Joyce
1987, acquerello e inchiostro su carta, 61 x 38 cm

275. James Joyce
1991, acquerello e inchiostro su carta, 57 x 38 cm

276. Carl Gustav Jung
1986, matita, 20,5 x 15 cm

277. Carl Gustav Jung
1989, acquerello e inchiostro su carta, 58 x 38 cm

278. Ernst Jünger
1994, acquerello e inchiostro su carta, 38 x 28 cm

279. Ernst Jünger
1994, matita, 29,5 x 21 cm

280. Franz Kafka
1992, matita, 29,5 x 21 cm

281. Franz Kafka
1998, acquerello e inchiostro su carta, 38 x 28 cm

282. Franz Kafka
1991, acquerello e inchiostro su carta, 76 x 57 cm

283. Franz Kafka
1986, acquerello e inchiostro su carta, 56 x 38 cm

284. Franz Kafka
2002, carboncino, 38,5 x 28,5 cm

285. Franz Kafka
1997, acquaforte, 22,5 x 15 cm

286. Vasilij Kandinskij
1994, matita, 29,5 x 21 cm

287. Buster Keaton
1992, matita, 32 x 24 cm

288. Jack Kerouac
2002, carboncino, 29,5 x 21 cm

289. John Maynard Keynes
1991, inchiostro su carta, 35 x 28 cm

290. Stephen King
1995, matita, 29,5 x 21 cm

291. Rudyard Kipling
1992, pastelli, 33 x 24 cm

292. Danilo Kiš
1990, inchiostro su carta, 35 x 28 cm

293. Melanie Klein
1989, inchiostro su carta, 35 x 28 cm

294. Heinrich von Kleist
1989, pastelli, 29,5 x 21 cm

295. Judith Tarcher Krantz
1994, matita, 29,5 x 21 cm

296. Karl Kraus
2002, carboncino, 38,5 x 28,5 cm

297. Karl Kraus
2002, carboncino, 38,5 x 28,5 cm

298. Agota Kristof
1998, matita, 29,5 x 21 cm

299. Milan Kundera
1990, matita, 29,5 x 21 cm

300. Milan Kundera
1987, acquerello e inchiostro su carta, 56 x 38 cm

301. Milan Kundera
1990, inchiostro su carta, 35 x 28 cm

302. Jacques Lacan
1987, acquerello e inchiostro su carta, 56 x 38 cm

303. Tommaso Landolfi
1993, matita, 29,5 x 21 cm

304. Tommaso Landolfi
1993, pastelli, 33,5 x 24,5 cm

305. Lautréamont
1998, matita, 29,5 x 21 cm

306. David Herbert Lawrence
1990, inchiostro su carta, 35 x 28 cm

307. Paul Léautaud
1990, inchiostro su carta, 35 x 28 cm

308. Paul Léautaud
1989, acquerello e inchiostro su carta, 38 x 28 cm

309. John Le Carré
1989, inchiostro su carta, 35 x 28 cm

310. Le Corbusier
1994, matita, 29,5 x 21 cm

311. Michel Leiris
1998, matita, 29,5 x 21 cm

312. Giacomo Leopardi
1989, acquerello e inchiostro su carta, 58 x 42 cm

313. Giacomo Leopardi
1987, acquerello e inchiostro su carta, 44 x 38 cm

314. Alexander Lernet-Holenia
1997, matita, 29,5 x 21 cm

315. Doris Lessing
1992, matita, 33 x 24 cm

316. Doris Lessing
1997, acquerello e inchiostro su carta, 38 x 28 cm

317. Carlo Levi
2001, matita, 29,5 x 21 cm

318. Primo Levi
1986, inchiostro su carta, 36 x 25,5 cm

319. Primo Levi
1987, acquerello e inchiostro su carta, 56 x 38 cm

320. Claude Lévi-Strauss
1996, matita, 29,5 x 21 cm

321. Astrid Lindgren
1998, matita, 29,5 x 21 cm

322. Clarice Lispector
2002, carboncino, 38,5 x 28,5 cm

323. Jack London
1992, pastelli, 33 x 24 cm

324. Roberto Longhi
1992, inchiostro su carta, 35,5 x 28 cm

325. Konrad Lorenz
2002, carboncino, 38,5 x 28,5 cm

326. Leopoldo Lugones
1992, pastelli, 33 x 24 cm

327. Mario Luzi
1995, matita, 29,5 x 21 cm

328. Giovanni Macchia
1989, inchiostro su carta, 35 x 28 cm

329. Arthur Machen
1992, pastelli, 33 x 24 cm

330. Claudio Magris
1991, inchiostro su carta, 35 x 28 cm

331. Claudio Magris
1995, matita, 29,5 x 21 cm

332. Gustav Mahler
1999, pastelli, 42 x 29,5 cm

333. Norman Mailer
1994, matita, 29,5 x 21 cm

334. Vladimir Majakovskij
1994, matita, 29,5 x 21 cm

335. Bernard Malamud
1989, inchiostro su carta, 35 x 28 cm

336. Curzio Malaparte
1997, matita, 29,5 x 21 cm

337. Luigi Malerba
1997, matita, 35,5 x 27,5 cm

338. Stéphane Mallarmé
1992, matita, 29,5 x 21 cm

339. André Malraux
2002, carboncino, 38,5 x 28,5 cm

340. Osip Mandel'štam
2002, carboncino, 38,5 x 28,5 cm

341. Giorgio Manganelli
1990, inchiostro su carta, 35 x 28 cm

342. Giorgio Manganelli
1992, matita, 32 x 24 cm

343. Heinrich Mann
1995, matita, 29,5 x 21 cm

344. Thomas Mann
1996, acquerello e inchiostro su carta, 38 x 28 cm

345. Thomas Mann
1992, matita, 32 x 24 cm

346. Thomas Mann
1996, matita, 29,5 x 21 cm

347. Katherine Mansfield
2002, carboncino, 38,5 x 28,5 cm

348. Alessandro Manzoni
1985, acquerello e inchiostro su carta, 38 x 28,5 cm

349. Sándor Márai
2002, carboncino, 38,5 x 28,5 cm

350. Javier Marías
1997, matita, 29,5 x 21 cm

351. Giovanni Mariotti
1995, matita, 29,5 x 21 cm

352. Chico, Groucho e Harpo Marx
1990, inchiostro su carta, 35 x 28 cm

353. Karl Marx
1990, acquerello e inchiostro su carta, 58 x 38 cm

354. Lucio Mastronardi
1993, pastelli, 33,5 x 24,5 cm

355. William Somerset Maugham
1992, matita, 29,5 x 21 cm

356. Guy de Maupassant
1994, pastelli, 29,5 x 21 cm

357. Frank McCourt
1997, matita, 29,5 x 21 cm

358. Carson Smith McCullers
2002, carboncino, 38,5 x 28,5 cm

359. Ian McEwan
1990, inchiostro su carta, 35 x 28 cm

360. Herman Melville
1989, inchiostro su carta, 35 x 28 cm

361. Herman Melville
1988, pastelli, 29,5 x 21 cm

362. Luigi Meneghello
1988, inchiostro su carta, 35 x 28 cm

363. Izrail Metter
1994, matita, 29,5 x 21 cm

364. Gustav Meyrink
1992, pastelli, 33 x 24 cm

365. Henry Miller
2002, carboncino, 35,5 x 28 cm

366. Henry Miller
2002, carboncino, 29,5 x 21 cm

367. Czesław Miłosz
2002, carboncino, 38,5 x 28,5 cm

368. Arnaldo Momigliano
1984, inchiostro su carta, 25,5 x 36 cm

369. Eugenio Montale
1990, inchiostro su carta, 35 x 28 cm

370. Eugenio Montale
1996, matita, 29,5 x 21 cm

371. Eugenio Montale
1986, acquerello e inchiostro su carta, 56 x 38 cm

372. Giorgio Morandi
1991, inchiostro su carta, 35 x 28 cm

373. Elsa Morante
1989, inchiostro su carta, 35 x 28 cm

374. Alberto Moravia
1988, acquerello e inchiostro su carta, 57 x 38 cm

375. Guido Morselli
2002, carboncino, 38,5 x 28,5 cm

376. Robert Musil
1987, acquerello e inchiostro su carta, 56 x 38 cm

377. Robert Musil
1990, inchiostro su carta, 35 x 28 cm

378. Robert Musil
1987, matita, 29,5 x 21 cm

379. Álvaro Mutis
1992, matita, 29,5 x 21 cm

380. Vladimir Nabokov
2000, matita, 29,5 x 21 cm

381. V.S. Naipaul
1998, acquerello e inchiostro su carta, 38 x 28 cm

382. V.S. Naipaul
1996, matita, 29,5 x 21 cm

383. Friedrich Nietzsche
2000, matita, 29,5 x 42 cm

384. Anaïs Nin
1999, matita, 29,5 x 21 cm

385. Novalis
1998, matita, 29,5 x 21 cm

386. Flannery O'Connor
1991, inchiostro su carta, 35 x 28 cm

387. Ōe Kenzaburō
1992, matita, 32 x 24 cm

388. Michael Ondaatje
2000, acquerello e inchiostro su carta, 38 x 28 cm

389. Anna Maria Ortese
1993, matita, 29,5 x 21 cm

390. Anna Maria Ortese
1993, matita, 29,5 x 21 cm

391. George Orwell
1992, inchiostro su carta, 35 x 28 cm

392. George Orwell
1992, matita, 29,5 x 21 cm

393. Ottiero Ottieri
1996, matita, 29,5 x 21 cm

394. Amos Oz
2000, matita, 29,5 x 21 cm

395. Aldo Palazzeschi
1988, inchiostro su carta, 35 x 28 cm

396. Raimundo Panikkar
2001, matita, 38,5 x 29 cm

397. Giovanni Papini
1992, pastelli, 33 x 24 cm

398. Goffredo Parise
2001, matita, 38,5 x 28,5 cm

399. Dorothy Parker
1993, matita, 32 x 24 cm

400. Giovanni Pascoli
1992, inchiostro su carta, 35 x 28 cm

401. Pier Paolo Pasolini
1986, acquerello e inchiostro su carta, 56 x 38 cm

402. Pier Paolo Pasolini
1990, inchiostro su carta, 35 x 28 cm

403. Boris Pasternak
1987, acquerello e inchiostro su carta, 56 x 38 cm

404. Boris Pasternak
1990, inchiostro su carta, 35 x 28 cm

405. Cesare Pavese
1990, acquerello e inchiostro su carta, 49 x 38 cm

406. Octavio Paz
1991, inchiostro su carta, 35 x 28 cm

407. Octavio Paz
1991, matita, 29,5 x 21 cm

408. Daniel Pennac
1993, matita, 29,5 x 21 cm

409. Georges Perec
1990, matita, 29,5 x 21 cm

410. Georges Perec
1996, matita, 32 x 24 cm

411. Fernando Pessoa
1990, inchiostro su carta, 35 x 28 cm

412. Fernando Pessoa
1987, acquerello e inchiostro su carta, 56 x 38 cm

413. Luigi Pirandello
1986, acquerello e inchiostro su carta, 38 x 28 cm

414. Antonio Pizzuto
1998, matita, 29,5 x 21 cm

415. Sylvia Plath
1999, inchiostro su carta, 18 x 28 cm

416. Edgar Allan Poe
1992, pastelli, 33 x 24 cm

417. Edgar Allan Poe
1991, inchiostro su carta, 35 x 28 cm

418. Giuseppe Pontiggia
2000, matita, 29,5 x 21 cm

419. Karl Raimund Popper
1984, inchiostro su carta, 36 x 25,5 cm

420. Chaim Potok
1998, matita, 29,5 x 21 cm

421. Ezra Loomis Pound
1990, matita, 29,5 x 21 cm

422. Ezra Loomis Pound
1990, inchiostro su carta, 35 x 28 cm

423. Anthony Powell
1995, acquerello e inchiostro su carta, 38 x 28 cm

424. Dolores Prato
1995, matita, 29,5 x 21 cm

425. Vasco Pratolini
1993, pastelli, 33,5 x 24 cm

426. Mario Praz
2002, carboncino, 35,5 x 28 cm

427. V.S. Pritchett
1997, acquerello e inchiostro su carta, 38 x 28 cm

428. Frederic Prokosch
2002, carboncino, 38,5 x 28,5 cm

429. Marcel Proust
1987, acquerello e inchiostro su carta, 56 x 38 cm

430. Marcel Proust
1990, acquerello e inchiostro su carta, 65 x 45 cm

431. Marcel Proust
1990, matita, 42 x 30 cm

432. Marcel Proust
2000, acquerello e inchiostro su carta, 38 x 28 cm

433. Aleksandr Sergeevič Puškin
1991, inchiostro su carta, 35 x 28 cm

434. Raymond Queneau
1988, inchiostro su carta, 35 x 28 cm

435. François Rabelais
1994, matita, 24 x 32 cm

436. Jean Renoir
1992, matita, 29,5 x 21 cm

437. Jean Renoir
1992, matita, 29,5 x 21 cm

438. Mordecai Richler
2002, carboncino, 38,5 x 28,5 cm

439. Mario Rigoni Stern
1994, matita, 29,5 x 21 cm

440. Rainer Maria Rilke
1991, matita, 29,5 x 21 cm

441. Rainer Maria Rilke
1989, inchiostro su carta, 35 x 28 cm

442. Rainer Maria Rilke
1991, matita, 29,5 x 21 cm

443. Arthur Rimbaud
1987, acquerello e inchiostro su carta, 57 x 36 cm

444. Alain Robbe-Grillet
2000, matita, 29,5 x 21 cm

445. Lalla Romano
1995, matita, 29,5 x 21 cm

446. Franz Rosenzweig
1985, inchiostro su carta, 36 x 25,5 cm

447. Henry Roth
1995, matita, 29,5 x 21 cm

448. Joseph Roth
2002, carboncino, 38,5 x 28,5 cm

449. Joseph Roth
2002, carboncino, 38,5 x 28,5 cm

450. Philip Roth
1989, inchiostro su carta, 35 x 28 cm

451. Salman Rushdie
1997, acquerello e inchiostro su carta, 28 x 38 cm

452. John Ruskin
1999, matita, 29,5 x 21 cm

453. Bertrand Russell
1986, inchiostro su carta, 36 x 25,5 cm

454. Umberto Saba
1995, matita, 29,5 x 21 cm

455. Oliver Sacks
2002, carboncino, 38,5 x 28,5 cm

456. Saki
1992, pastelli, 33 x 24 cm

457. Emilio Salgari
1996, matita, 29,5 x 21 cm

458. Jerome David Salinger
1995, matita, 29,5 x 21 cm

459. Jerome David Salinger
2002, carboncino, 38,5 x 28,5 cm

460. Lou von Salomé
1993, matita, 29,5 x 21 cm

461. Carl Sandburg
1999, matita, 29,5 x 21 cm

462. Jean-Paul Sartre
1987, acquerello e inchiostro su carta, 56 x 38 cm

463. Jean-Paul Sartre
1995, matita, 29,5 x 21 cm

464. Alberto Savinio
1990, inchiostro su carta, 35 x 28 cm

465. Fritz Saxl
1986, inchiostro su carta, 36 x 25,5 cm

466. Eugenio Scalfari
2001, matita, 29,5 x 21 cm

467. Carl Schmitt
2002, carboncino, 38,5 x 28,5 cm

468. Arthur Schnitzler
1990, inchiostro su carta, 35 x 28 cm

469. Arthur Schnitzler
2002, carboncino, 38,5 x 28,5 cm

470. Arnold Schönberg
1993, matita, 29,5 x 21 cm

471. Arthur Schopenhauer
2002, carboncino, 38,5 x 28,5 cm

472. Franz Schubert
1997, matita, 29,5 x 21 cm

473. Marcel Schwob
2002, carboncino, 38,5 x 28,5 cm

474. Leonardo Sciascia
1990, inchiostro su carta, 35 x 28 cm

475. Leonardo Sciascia
1996, matita, 29,5 x 21 cm

476. Amartya Sen
1999, acquerello e inchiostro su carta, 38,5 x 29 cm

477. Vittorio Sereni
1993, pastelli, 33,5 x 24 cm

478. William Shakespeare
1989, inchiostro su carta, 35 x 28 cm

479. Ignazio Silone
1998, matita, 29,5 x 21 cm

480. Georges Simenon
1994, matita, 29,5 x 21 cm

481. Georges Simenon
2002, carboncino, 38,5 x 28,5 cm

482. Claude Simon
1999, matita, 29,5 x 21 cm

483. Isaac Bashevis Singer
1999, matita, 29,5 x 21 cm

484. Isaac Bashevis Singer
1999, matita, 29,5 x 21 cm

485. Andrej Donat'evič Sinjavskij
1988, matita, 40 x 30 cm

486. Edith Sitwell
1989, inchiostro su carta, 35 x 28 cm

487. Edith Sitwell
1991, acquerello e inchiostro su carta, 57 x 38 cm

488. Mario Soldati
1991, matita, 29,5 x 21 cm

489. Aleksandr Isaevič Solženicyn
1993, matita, 29,5 x 21 cm

490. Susan Sontag
1995, matita, 29,5 x 21 cm

491. Muriel Spark
1993, matita, 29,5 x 21 cm

492. Stanlio & Ollio (Stan Laurel · Oliver Hardy)
1992, inchiostro su carta, 35 x 28 cm

493. Jean Starobinski
1999, matita, 29,5 x 21 cm

494. Gertrude Stein
1996, acquerello e inchiostro su carta, 28 x 38 cm

495. John Steinbeck
2002, carboncino, 35,5 x 28 cm

496. Saul Steinberg
1992, matita, 29,5 x 21 cm

497. Stendhal
1994, matita, 29,5 x 21 cm

498. Laurence Sterne
1991, matita, 29,5 x 21 cm

499. Robert Louis Stevenson
1992, inchiostro su carta, 35 x 28 cm

500. Robert Louis Stevenson
1992, acquerello e inchiostro su carta, 57 x 76 cm

501. Robert Louis Stevenson
1989, acquerello e inchiostro su carta, 57 x 76 cm

502. Robert Louis Stevenson
1986, acquerello e inchiostro su carta, 56 x 38 cm

503. Robert Louis Stevenson
1990, acquerello e inchiostro su carta, 57 x 76 cm

504. Robert Louis Stevenson
1987, inchiostro su carta, 35 x 28 cm

505. Adalbert Stifter
2002, carboncino, 38,5 x 28,5 cm

506. Igor Stravinskij
1988, inchiostro su carta, 35 x 28 cm

507. Igor Stravinskij
1991, acquerello e inchiostro su carta, 57 x 38 cm

508. Igor Stravinskij
1986, acquerello e inchiostro su carta, 57 x 38 cm

509. August Strindberg
1992, matita, 29,5 x 21 cm

510. August Strindberg
1992, acquerello e inchiostro su carta, 38 x 28,5 cm

511. Italo Svevo
1987, acquerello e inchiostro su carta, 56 x 38 cm

512. Italo Svevo
1990, inchiostro su carta, 35 x 28 cm

513. Wisława Szymborska
1996, acquerello e inchiostro su carta, 38 x 28 cm

514. Antonio Tabucchi
1992, inchiostro su carta, 35 x 28 cm

515. Emilio Tadini
1993, matita, 29,5 x 21 cm

516. Giovanni Testori
1997, matita, 32 x 24 cm

517. Dylan Thomas
1991, acquerello e inchiostro su carta, 57 x 38 cm

518. Dylan Thomas
1986, inchiostro su carta, 36 x 25,5 cm

519. James Grover Thurber
1997, pastelli, 29,5 x 21 cm

520. J.R.R. Tolkien
2002, matita, 29,5 x 21 cm

521. Lev Nikolaevič Tolstoj
2001, matita, 29,5 x 21 cm

522. Lev Nikolaevič Tolstoj
2001, acquerello e inchiostro su carta, 57,5 x 38,5 cm

523. Lev Nikolaevič Tolstoj
1992, pastelli, 33 x 24 cm

524. Giuseppe e Alessandra Tomasi di Lampedusa
1987, acquerello e inchiostro su carta, 38 x 56 cm

525. Pier Vittorio Tondelli
1993, matita, 29,5 x 21 cm

526. William Trevor
1992, acquerello e inchiostro su carta, 38 x 28,5 cm

527. Mark Twain
1993, matita, 29,5 x 21 cm

528. Mark Twain
1993, matita, 29,5 x 21 cm

529. Giuseppe Ungaretti
1988, inchiostro su carta, 35 x 28 cm

530. John Updike
1997, inchiostro su carta, 38 x 28 cm

531. Paul Valéry
1994, matita, 29,5 x 21 cm

532. Paul Valéry
1994, matita, 29,5 x 21 cm

533. Mario Vargas Llosa
2000, matita, 29,5 x 21 cm

534. Franco Venturi
1996, matita, 29,5 x 21 cm

535. Vercors
1997, pastelli, 29,5 x 21 cm

536. Giuseppe Verdi
2000, acquerello e inchiostro su carta, 58 x 38 cm

537. Giovanni Verga
1993, matita, 29,5 x 21 cm

538. Paul Verlaine
1992, matita, 32 x 24 cm

539. Jules Verne
1996, matita, 29,5 x 21 cm

540. Boris Vian
1994, matita, 29,5 x 21 cm

541. Gore Vidal
1998, inchiostro su carta, 35,5 x 28 cm

542. Villiers de l'Isle-Adam
1992, pastelli, 33 x 24 cm

543. Luchino Visconti
1990, inchiostro su carta, 35 x 28 cm

544. Elio Vittorini
1993, matita, 34 x 24,5 cm

545. Paolo Volponi
1989, inchiostro su carta, 35 x 28 cm

546. Paolo Volponi
1989, inchiostro su carta, 35 x 28 cm

547. Voltaire
1992, pastelli, 33 x 24 cm

548. Kurt Vonnegut
1992, acquerello e inchiostro su carta, 38 x 28,5 cm

549. Derek Walcott
2002, carboncino, 38,5 x 28,5 cm

550. Robert Walser
1995, matita, 29,5 x 21 cm

551. Robert Walser
2002, carboncino, 38,5 x 28,5 cm

552. Evelyn Waugh
2002, carboncino, 38,5 x 28,5 cm

553. Max Weber
1991, inchiostro su carta, 35 x 28 cm

554. Simone Weil
1989, matita, 29,5 x 21 cm

555. Orson Welles
1994, matita, 29,5 x 21 cm

556. Orson Welles
1987, acquerello e inchiostro su carta, 56 x 38 cm

557. H.G. Wells
1992, pastelli, 33 x 24 cm

558. Edith Wharton
1997, pastelli, 29,5 x 21 cm

559. Oscar Wilde
1992, matita, 29,5 x 21 cm

560. Oscar Wilde
1992, pastelli, 33 x 24 cm

561. Ludwig Wittgenstein
1990, inchiostro su carta, 35 x 28 cm

562. P.G. Wodehouse
1992, matita, 29,5 x 21 cm

563. Christa Wolf
1997, matita, 29,5 x 21 cm

564. Tom Wolfe
1997, matita, 29,5 x 21 cm

565. Virginia Woolf
1989, inchiostro su carta, 35 x 28 cm

566. Virginia Woolf
1987, acquerello e inchiostro su carta, 57 x 36 cm

567. Zhang Xianliang
1992, acquerello e inchiostro su carta, 28,5 x 38 cm

568. W.B. Yeats
2001, carboncino, 38,5 x 28,5 cm

569. Abraham B. Yehoshua
1997, matita, 29,5 x 21 cm

570. Marguerite Yourcenar
1995, matita, 29,5 x 21 cm

571. Marguerite Yourcenar
1991, acquerello e inchiostro su carta, 57 x 38 cm

572. Marguerite Yourcenar
1989, inchiostro su carta, 35 x 28 cm

573. Andrea Zanzotto
1986, inchiostro su carta, 36 x 25,5 cm

574. Andrea Zanzotto
1996, matita, 29,5 x 21 cm

575. Cesare Zavattini
1992, matita, 29,5 x 21 cm

576. Émile Zola
1993, matita, 29,5 x 21 cm

577. Elémire Zolla
2002, carboncino, 38,5 x 28,5 cm

FINITO DI STAMPARE NELL'AGOSTO 2002
DALLA TECHNO MEDIA REFERENCE S.R.L. - MILANO

Printed in Italy